W0011208

Christoph Wetzel

Der kleine Kirchenführer

Bilder, Räume und Symbole

Christoph Wetzel

Der kleine Kirchenführer

Bilder, Räume und Symbole

Sankt Ulrich Verlag

Bibliographische Information der Deutschen Bibliothek

Die Deutsche Bibliothek verzeichnet diese Publikation in der
Deutschen Nationalbibliographie; detaillierte bibliographische Daten
sind im Internet über http://dnb.ddb.de abrufbar.

© 2009 by Sankt Ulrich Verlag GmbH, Augsburg
Alle Rechte vorbehalten
Die Bücher der Bibel werden nach folgender Ausgabe zitiert:
Die Bibel: Altes und Neues Testament: Einheitsübersetzung (Psalmen und
Neues Testament ökumenischer Text)
© 1980 Katholische Bibelanstalt, Stuttgart
Titelbild: Reinhard Kirchner / uv-media werbeagentur
Umschlaggestaltung: uv media werbeagentur
Mediengruppe Sankt Ulrich Verlag, Augsburg
Bilder Innenteil: Archiv Wetzel, S. 24 Jutta Brüdern, Braunschweig,
S. 61 Archiv des Diözesanbauamts Augsburg
Druck und Bindung: fgb Freiburger Graphische Betriebe, Freiburg
Printed in Germany
ISBN: 978-3-86744-097-4
www.sankt-ulrich-verlag.de

INHALT

Vorwort

Was ist „die Kirche"? Der Begriff enthält zwei Bedeutungen. Einerseits liegt das griechische Wort *ekklesía* (lat. *ecclésia*) mit der wörtlichen Bedeutung „das Herausgerufen-Sein zugrunde. Im Neuen Testament ist damit die Gemeinschaft derer gemeint, die zum Glauben an Jesus Christus gefunden haben. Diese Gemeinschaft bildet als Gemeinde eine Kirche. Dies bezeugt der Beginn des 1. Briefs an die Gemeinde in Korinth. Paulus richtet ihn „an die Kirche Gottes, die in Korinth ist, – an die Geheiligten in Christus Jesus, berufen als Heilige mit allen, die den Namen Jesu Christi, unseres Herrn, überall anrufen" (aus: Anschrift und Gruß, 1 Kor 1,1–3).

Bereits das frühchristliche, heute allen Konfessionen gemeinsame Glaubensbekenntnis hebt die lokale oder regionale Bedeutung der Kirchen auf. Es mündet in den Glauben an die „eine eine, heilige, katholische (allgemeine), apostolische Kirche".

Andererseits meint „Kirche" ein Gebäude, von dem der hl. Augustinus erwartet: „Der Bau aus Stein, in dem die Kirche ihre Kinder versammelt, um Gott zu preisen, deutet in seiner irdischen Gestalt auf den ewigen Tempel des himmlischen Jerusalem hin."

Von dieser zweiten Bedeutung der Kirche als Sakralbau handelt „Der kleine Kirchenführer", doch ohne dabei die erste Bedeutung außer acht zu lassen.

Den Ausgangspunkt bildet der Anblick von außen, gefolgt von der Wahrnehmung der Eintretenden.

Ihnen begegnet jeweils die Vielgestalt der Innen-
gliederungen, Einrichtungen und Ausstattung mit
Wand- und Glasmalerei, mit den Schnitzwerken und
Gemälden der Altäre. Dies alles verdeutlicht, dass
Kirchen nicht zuletzt Orte der Verkündigung durch
Bilder sind.

Diesen ersten Hauptteil ergänzt eine epochen-
geschichtliche Typisierung des Kirchenbaus vom
4. Jahrhundert bis zur Gegenwart und die jeweils cha-
rakteristischen Techniken der Ausstattung.

Der dritte Hauptteil widmet sich verstärkt der
christlichen Ikonographie und ihren Symbolen. Dazu
gehört zusammenfassend eine ausführliche Darle-
gung der Typologie in der christlichen Kunst. Vom
Zusammenhang zwischen Kunst und Liturgie handelt schließlich erneut die Farbsymbolik.

Den Anhang bildet ein erläutertes Verzeichnis von
Fachbegriffen.

Die Kirche als Bauwerk

Das Erscheinungsbild

Zu den eindrucksvollsten historischen Bauwerken der Dörfer, Kleinstädte und Städte gehören die Kirchen. Dies gilt in der Regel auch für den modernen Kirchenbau.

Historischen Quellen entnehmen wir, dass bereits das Äußere „denen, die noch fern der heiligen Umfassungsmauer stehen, in reichem Maße ein Bild dessen bieten [sollte], was das Auge im Innern schauen darf". Der Kirchenbau wollte damit „gleichsam die Blicke derer, die dem Glauben noch ferne stehen, auf die ersten Eingänge lenken. Niemand sollte vorübergehen, ohne zuvor beim Gedanken an die einstige Verödung und das erstaunliche Wunderwerk von heute in tiefster Seele ergriffen zu werden". In solcher Ergriffenheit, so hofft der Autor, „würde vielleicht mancher sich angezogen fühlen und so seine Schritte auf den bloßen Anblick hin nach dem Eingang lenken".

Diese Deutung der Aufgaben, die das äußere Erscheinungsbild einer Kirche erfüllen soll, stammt nicht aus der Epoche der gotischen Kathedralen oder barocken Kirchenpaläste, sondern findet sich in einer Festpredigt, die Eusebius, Bischof von Cäsarea, um 325 gehalten und im letzten Buch seiner Kirchengeschichte überliefert hat. Den Anlass dieser

Festpredigt bot die Einweihung der Kirche, die unter Bischof Paulinus in Tyrus erbaut worden war.

Das Lob der Kirche als verheißungsvolles Bauwerk ist ein Thema, das die Geschichte des Kirchenbaus insgesamt kennzeichnet, unabhängig von der Vielfalt architekturgeschichtlicher, aber auch liturgischer Entwicklungen sowie regionaler und ab dem 16. Jahrhundert auch konfessioneller Unterschiede.

Der Vorhof

Dieselbe Festpredigt des Eusebius enthält folgende Beschreibung eines umgrenzten Hofs, welcher der Kirche vorgelagert ist:

„Wer nun durch die Tore eingegangen war, durfte nicht sogleich mit unreinen und ungewaschenen Füßen das Innere des Heiligtums betreten. Er [der Bauherr Bischof Paulinus] beließ vielmehr zwischen dem Tempel und den ersten Eingängen einen reichlich bemessenen Raum und schmückte diesen ringsum mit vier schräg abgedeckten Hallengängen, die allerseits auf Säulen ruhen, den Platz im Geviert umgebend. Den Raum zwischen Säule und Säule schloss er bis zu mäßiger Höhe mit hölzernem Gitterwerk. Die mittlere Fläche der Anlage aber beließ er als offenen Platz, wo man den Himmel sehen kann, helle Luft ihr gewährend und sie freigebend für die Strahlen des Lichtes. Hier stellte er Symbole heiliger Reinigung auf, indem er dem Tempel gegenüber Brunnen errichten ließ, die in reichlich strömender Flut denen, die nach dem Inneren der heiligen Umfriedung vorschreiten,

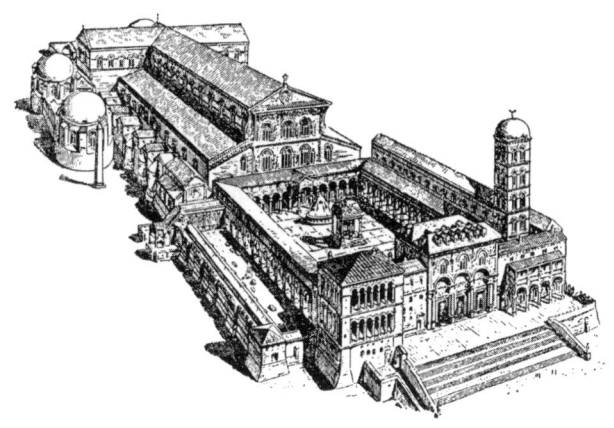

Rekonstruktion von Alt-St. Peter im Mittelalter mit zahlreichen Anbauten. Zugrunde liegt die Stiftung Konstantins d. Gr. im Jahr 324 (Beginn seiner Alleinherrschaft in der Westhälfte und der Osthälfte des Römischen Reichs). Erhalten blieb bis zum 1506 begonnenen Neubau der „Basilica San Pietro in Vaticano" die Gliederung in den Vorhof Atrium (der Eingang imitiert den Konstantinbogen auf dem Forum Romanum) und eine fünfschiffige Basilika mit Vorhalle und Querhaus.

Reinigung bieten. Dieser Ort, an dem die Eintretenden zuerst verweilen, dient dem Ganzen zugleich zu Schmuck und Zier und denen, die der ersten Einführung bedürfen, zu schicklichem Aufenthalt."

Solche Vorhöfe, zu deren Vorbildern der Vorplatz des Tempels Salomos gehörte (1 Kön 7,12; vom „Ehernen Meer" zur Reinigung der Priester handeln die Verse 1 Kön 7,22–26) gehörte zum Bauprogramm der frühchristlichen Basiliken. Ein Ausgangspunkt

Ein Nachfolger des Vorhofs von Alt-St. Peter ist der querovale Pe-
tersplatz vor der Peterskirche. Die Anlage entstand im Pontifikat
Alexanders VII. nach Plänen von Gian Lorenzo Bernini 1657–70.
Den Platz säumen in vier Reihen 284 Säulen und 88 Pfeiler als
überdachte, von Kolossalstatuen bekrönte Kolonnaden. Der Obe-
lisk im Mittelpunkt wurde bereits 1586 an diese Stelle versetzt.
1612 vollendete Carlo Maderno die Ostfassade der Peterskirche.

war der als Atrium bezeichnete Vorhof der Kirche
über dem Grab des Petrus. Kaiser Konstantin stiftete Alt-St. Peter 324. Der 1506 begonnene Neubau
des Petersdoms erhielt schließlich den barocken Ide-
altypus eines Vorhofs: 1657–70 entstand nach Plänen
von Gian Lorenzo Bernini der ovale, von Kolonnaden
umgebene Petersplatz.

Ein mittelalterliches Beispiel des Vorhofs ist an der
benediktinischen Abteikirche Maria Laach in der Eifel erhalten. Das von drei Arkaden begrenzte Geviert

entstand 1220–30; die vierte Seite ist zugleich die Wand des westlichen Querhauses.

Die Vorhalle

Im Mittelpunkt des arkadengesäumten Vorhofs in Maria Laach befindet sich – als traditioneller Bestandteil des Vorhofs – ein Brunnen. Er diente jedoch nicht der Reinigung vor dem Betreten der Kirche, sondern ist als Brunnen des Lebens ein Symbol des Paradieses.

Diese Bezeichnung als „Paradies" hat sich für die Vorhalle eingebürgert; sie mündet in das Kirchenportal als „Paradiespforte". Romanische Beispiele befinden sich an der Westseite der Klosterkirche in Maulbronn, am Dom von Magdeburg und an der als Hauptfront geltenden Südseite des Doms von Paderborn.

Im ostkirchlichen, ursprünglich byzantinischen Kirchenbau ist die Vorhalle der Narthex. Dieser dem „Paradies" vergleichbare Vorraum war der Aufenthaltsort der zeitweilig oder noch vom Gottesdienst ausgeschlossenen Büßer und Anwärter auf die Taufe (Katechumenen). Wer in Istanbul das Chorakloster aufsucht, der bewundert als Vorhalle der Erlöserkirche den inneren Esonarthex und äußeren Exonarthex. Beide sind mit goldgrundigen Mosaiken der Zeit um 1320 ausgestattet.

Die Portale

Imposante Eingänge der Kirche bezeichnen wir als Portale. An der in der Regel westlichen Eingangs-

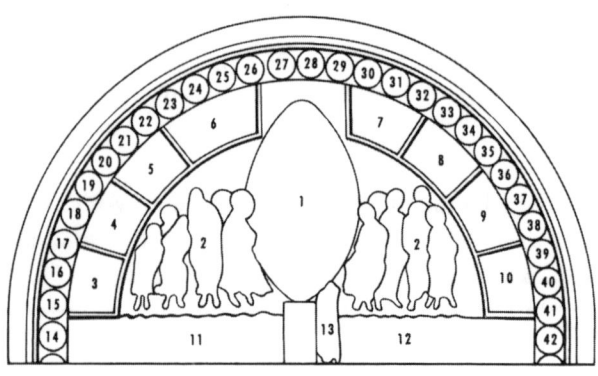

Bildprogramm des Tympanons am Hauptportal von Sainte-Madeleine in Vézelay;
Bogenfeld: 1 Christus in der Mandorla, 2 Die Apostel, 3 Zwei schreibende Apostel;
Innerer Bogen: 4 Die Juden, 5 Die Kappadozier, 6 Die Araber und hundsköpfigen Inder, 7 Die Äthiopier, 8 Die Phrygier, 9 Die Byzantiner (?), 10 Die Armenier;
Türsturz: 11. Die Skythen und die Römer (?), 12. Riesen, Pygmäen, großohrige Völker, 13. Zu Füßen Christi: Petrus und Paulus;
Medaillons des äußeren Bogens mit Tierkreiszeichen, Allegorien der Jahreszeiten und Monatsarbeiten: 14 Ein Mann schneidet Brot, 15 Wassermann (Januar/Februar), 16 Ein Mann wärmt sich, ein anderer zieht sich aus, 17 Fische (Februar/März), 18 Schneiden des Weinstocks, 19 Widder (März/April), 20 Ein Mann füttert seine Ziegen mit Baumtrieben, 21 Stier (April/Mai), 22 Ein Krieger mit seinem Schild, 23 Frühling, 24 Zwillinge (Mai/Juni), 25 Heuernte, 26 Krebs (Juni/Juli) zwischen 26. und 27. , 27 Ein Hund, 28 Ein Seiltänzer, 29 Eine Sirene, die das Rad schlägt, 30 Löwe (Juli/August), 31 Getreideernte, 32 Jungfrau (August/September), 33 Ein Bauer drischt Getreide, 34 Ein Bauer schüttet das Getreide in einen

front dominiert das Hauptportal. Zwei daneben angebrachte Seitenportale geben zu erkennen, dass im Inneren der Kirche das Mittelschiff von zwei Seitenschiffen begleitet wird. Dasselbe gilt für die Eingänge zum Querhaus, sofern es sich in drei Schiffe gliedert.

Der Kirchenbau des Mittelalters entwickelte die Gestaltung der Portale als umfassende Bauaufgabe mit immer größerem Anteil bauplastischer Ausgestaltung mit Reliefs und nahezu rundplastischen Skulpturen.

Ein Ausgangspunkt ist das romanische Stufenportal: Eine Freitreppe mit schrittweise kürzeren Stufen führt zu den Türflügeln. Seitlich wird die Treppe durch das schräg ins Mauerwerk eingeschnittene Gewände begrenzt. Der Türrahmen gliedert sich in den senkrechten Mittelpfosten und den waagerechten Türsturz. Über diesem erhebt sich ein in der Romanik halbkreisförmiges, in der Gotik spitzbogiges Tympanon. Dieses Bogenfeld rahmen die als Archivolten bezeichneten Bogenläufe. Bekrönt wird das gotische Portal durch einen dreieckigen Ziergiebel namens Wimperg.

Brotkasten, 35 Waage (September/Oktober), 36 Weinernte, 37 Skorpion (Oktober/November), 38 Ein Bauer schlachtet ein Schwein, 39 Schütze (November/Dezember), 40 Ein Mann trägt eine alte Frau auf seinen Schultern, Symbol des zu Ende gehenden Jahres. Die lat. Inschrift um das Rundbild lautet: „In all seinen Gliedern ist er das Bild des Dezembers", 41 Steinbock (Dezember/ Januar), 42 Ein Mann hält einen Becher mit Wein; Gegenstück zum Brotschneider ganz links: Brot und Wein in der Eucharistie.

Die bauplastische Ausstattung mittelalterlicher Portale ergibt insgesamt eine „Bibel in Bildern". Zum figürlichen Programm der Portale des Bamberger Doms gehören Adam und Eva am Gewände der „Adamspforte"; Gewändefiguren des Bamberger „Fürstentors" sind die Apostel auf den Schultern der Propheten. Hier zeigt das Tympanon das Jüngste Gericht mit Christus als Weltenrichter. Zu seiner Rechten gruppieren sich die Erlösten, zu seiner Linken die Verdammten, zu denen auch Gekrönte gehören. Sie „werden hinausgeworfen in die äußerste Finsternis; dort werden sie heulen und mit den Zähnen knirschen" (Mt 8,12; in der Lutherbibel: „da wird sein Heulen und Zähneklappern").

Das Tympanon der Abteikirche Sainte-Madeleine in Vézelay zeigt Christus bei der Aussendung der Apostel. Der Auferstandene sendet sie „zu allen Völkern" (Mt 28,19), die in Vézelay als zehn Figurengruppen dargestellt sind: von den Juden über die Araber und Äthiopier bis zu Riesen und Pygmäen (Abb. S. 14). Die Dimension der Zeit repräsentieren 29 Medaillons mit den zwölf Tierkreiszeichen und den zugehörigen jahreszeitlichen und monatlichen Arbeiten. Der von altägyptischen Astronomen entwickelte Tierkreis (Zodiakus) mit seinen zwölf Sternbildern (Tierkreiszeichen) gelangte über mesopotamische und antike Astronomie bzw. Astrologie in die mittelalterliche Kunst und Wissenschaft. Hier erfuhren sie eine Christianisierung: Die Zwillinge wurden als Sinnbilder des Alten und des Neuen Testaments gedeutet, die Waage als Sinnbild der durch Christi Geburt wieder-

hergestellten Gerechtigkeit, der Krebs als Auferste-
hungssymbol (Wechsel des Panzers), der Schütze in
Gestalt eines Kentaurs als Sinnbild der Doppelnatur
des Menschen sowie Jesus Christus als Mensch und
Gott.

Die Tierkreiszeichen und Monatsarbeiten gehören
auch zur bauplastischen Ausgestaltung des „Königs-
portals" *(portail royal)* der Kathedrale von Chartres.
Dieses Hauptportal und die beiden Nebenportale der
Westfront (um 1140–50) bilden ein dreiteiliges Stufenportal in der Breite des Mittelschiffs. Das Tympanon
des Hauptportals zeigt Christus in der Mandorla, umgeben von den vier Evangelistensymbolen *(Maiestas
Dei)* Am Türsturz reihen sich die zwölf Apostel unter
Arkaden, in den Archivolten die 24 Ältesten der Apokalypse (Offb 4,4; 19,4) und acht Engel. Thema des
Tympanons des nördlichen Nebenportals (links) ist
die Himmelfahrt Christi über zehn Aposteln auf dem
Türsturz, in den Archivolten Tierkreiszeichen und
Monatsarbeiten. Das südliche Nebenportal (rechts)
zeigt im Tympanon die thronende Muttergottes zwischen Engeln über in zwei Zonen angeordneten Mari-
enszenen. In den Archivolten des südlichen Nebenportals sind Allegorien der sieben *Artes liberales* dargestellt
sowie die sieben Weisen des Altertums mit Pythagoras
(nicht als Mathematiker, sondern als Erfinder der Musik) und Ptolemäus (geozentrisches Weltbild); s. a. das
Ulmer Chorgestühl, S. 49–51).

Eines der umfangreichsten bauplastischen Bildpro-
gramme bietet die Portalzone des Straßburger Münsters. Das Tympanon des Hauptportals rahmen sieben

Fürst der Welt und törichte Jungfrau, um 1230; rechtes Seitenportal an der Westfront des Straßburger Münsters. Die Gewändefiguren beziehen sich auf das Gleichnis von den zehn Jungfrauen (Mt 25,1–13): Der stolz aufgerichtete, mit Rosen bekränzte Fürst

Bogenläufe. Die erste, äußere Archivolte handelt von den Kapiteln 1 bis 4 des Buches Genesis: Schöpfung, Erschaffung Adams und Evas, Sündenfall, Vertreibung aus dem Paradies, Kain. Die zweite Archivolte handelt von den Patriarchen (Abraham, Isaak, Jakob), von Josua und Simson, Mose und Elija. Der bauplastische Schmuck der dritten Archivolte zeigt die Martyrien der Apostel, die vierte Archivolte die vier Evangelisten mit ihren Symbolen Engel, Löwe, Stier und Adler, schließlich die innere Archivolte Wundertaten Jesu. Die Bogenläufe der beiden Nebenportale sind mit Figuren von Engeln und Heiligen geschmückt.

Alle drei Portale sind durch Friese verbunden. Sie gliedern die Tympana in mehrere Streifen („Register") und enthalten Szenen aus dem Leben Jesu bis zum Einzug in Jerusalem, gefolgt von den Stationen der Leidengeschichte, Ostern, Himmelfahrt und Jüngstem Gericht.

Der Mittelpfeiler (Trumeau) des Hauptportals ist mit dem Standbild der Madonna mit dem Christuskind unter einem Baldachin verbunden. Indem mit der Mutterschaft Marias die Heilsgeschichte beginnt, personifiziert sie die „Himmelspforte" (lat. *porta coeli).* Somit symbolisiert diese Statue (wie die Gestalt Christi an der selben Stelle an anderen Portalen) den

bietet den Apfel der Sünde dar, die törichte Jungfrau nestelt am Verschluss ihres Gewandes. Verborgen bleibt zunächst ein Vanitas-Symbol: Der Rücken des Herrschers wird von Gewürm zersetzt. Gegenstücke sind am rechten Gewände Christus und die klugen Jungfrauen.

Eingang zur Kirche als den Beginn des Weges, der zur Aufnahme in die Gemeinschaft der Heiligen als Gemeinschaft der Gläubigen führt. Den Zugang zu diesem Eingang säumen als Gewändefiguren des Mittelportals die Propheten des Alten Testaments.

Daneben dienen die beiden Seitenportale der Straßburger Westfront der Verkündigung und Wegweisung. Dies gilt vor allem für das rechte Portal, dessen Gewändefiguren Jesu „Gleichnis von den zehn Jungfrauen" darstellen: „Dann wird es mit dem Himmelreich sein wie mit zehn Jungfrauen, die ihre Lampen nahmen und dem Bräutigam entgegengingen. Fünf von ihnen waren töricht, und fünf waren klug. Die törichten nahmen ihre Lampen mit, aber kein Öl, die klugen aber nahmen außer den Lampen noch Öl in Krügen mit" (Mt 25,1–4). Die Figuren des rechten Gewändes sind Christus und die fünf klugen Jungfrauen, die des linken Gewändes die fünf törichten Jungfrauen mit dem „Fürst der Welt". Dieser ist mit Rosen bekränzt und bietet mit siegesgewissem Lächeln den Apfel der Sünde an, während ekliges Gewürm seinen Rücken zerfrisst. Die Sockel der insgesamt zwölf Gewändefiguren dieses Seitenportals, dem ein Portal mit zehn Jungfrauen am Magdeburger Dom entspricht, zeigen die zwölf Tierkreiszeichen in Verbindung mit den zwölf Arbeiten, die den jeweiligen Monat kennzeichnen. Diese „Monatsbilder" bringen zum Ausdruck, dass der Weg zum Himmelreich im alltäglichen Leben beginnt – oder bereits hier verfehlt wird.

Diese Entscheidung führt das linke Straßburger Seitenportal vor Augen. Seine Gewändefiguren symbolisieren die Tugenden auf Lastern. Zu ersteren gehören die drei „theologischen Tugenden" (ursprünglich „göttlichen Tugenden"), die Paulus im 1. Brief an die Korinther nennt: Glaube *(Fides)*, Liebe *(Caritas)*, Hoffnung *(Spes)*; „doch am größten unter ihnen ist die Liebe" (1 Kor 13,13). Thomas von Aquin nennt sieben Hauptlaster, aus denen die Todsünden hervorgehen. Zu diesen Lastern gehören Völlerei *(Gula)*, Unkeuschheit *(Luxuria)*, Geiz *(Avaritia)* und Zorn *(Ira)*.

Wer das Straßburger Münster umschreitet, trifft an der Südseite auf ein Doppelportal als Eingang zum südlichen Seitenschiff. Hier widmet sich die Bauplastik den außerbiblischen Legenden des Marienlebens: Das linke Tympanon zeigt die Apostel am Sterbebett Marias, deren Seele in Gestalt eines Kindes von Christus entgegengenommen wird. Das rechte Tympanon widmet sich der Krönung Marias, nachdem sie in den Himmel aufgenommen worden ist: Der Himmelskönig setzt seiner Mutter, die abwehrend die Hände erhebt, ein Krone auf ihr Haupt.

Zu beiden Seiten dieses Südportals befinden sich die Symbolfiguren der Ecclesia und der Synagoge. Erstere verkörpert mit den Attributen Krone, Siegesfahne und Kelch das Christentum. Sie richtet den Blick auf die Personifikation des Judentums. Diese senkt ihr mit einer Augenbinde als Symbol der Blindheit für das Erscheinen des Messias in Jesus Christus versehene Haupt; der Stab in ihrer Rechten ist zerbrochen, ihrer Linken entgleiten die beiden Gesetzestafeln des Mose. Die Gegenstücke Ecclesia und Synagoge entstanden hier wie zahlreiche weitere Werke kirchlicher

Bauplastik im Zusammenhang des mittelalterlichen Antijudaismus. Die Straßburger Synagoge besitzt allerdings als Gestalt mehr Anmut als die geradezu erstarrte Triumphgestalt der Ecclesia – ein Unterschied, der wohl bereits den Betrachter im 13. Jahrhundert aufgefallen sein dürfte.

Die Türflügel

An der Westfront des Straßburger Münsters greifen die beiden Türflügel des Hauptportals die biblischen Themen der Archivolten und Tympana wieder auf. Die fast 7 m hohen „Erztüren" entstanden zwar erst um 1875 in der Werkstatt eines Pariser Goldschmieds, stehen aber in einer Tradition, die bereits in frühchristlicher Zeit die Kirchentüren als eine Art Bilderbibel gestaltet.

Ein frühes Beispiel sind die ursprünglich 28 Reliefs mit alt- und neutestamentlichen Themen bis hin zur Himmelfahrt Christi. Sie schmückten die Türen aus Zypressenholz der 430 in Rom als Basilika errichteten Kirche Santa Sabina.

Am Anfang der annähernd tausendjährigen Geschichte der in Bronze gegossenen Türflügel mit Reliefs steht die inschriftlich 1015 datierte Bernwardtür, benannt nach dem Auftraggeber Bischof Bernward von Hildesheim. Sie entstand für die Klosterkirche St. Michael und wurde in den Dom von Hildesheim übertragen (heute an der Innenseite des Westportals). Sie ist zugleich ein Schulbeispiel für die typologische Deutung der Beziehung zwischen Altem und Neuem Testament. Die beiden Flügel (Höhe 472 cm) gliedern sich in jeweils in acht Bildfelder. Links schildern sie von oben nach unten Szenen aus den Kapiteln 2 bis 4 des Buchs Genesis:

(1) Erschaffung Evas

(2) Zusammenführung von Adam und Eva

(3) Sündenfall

(4) Gott verurteilt Adam und Eva

(5) Vertreibung aus dem Garten Eden

(6) Adam als Ackerbauer und Eva mit ihrem Kind Kain

(7) Kain und Abel bringen ihre Opfer

(8) Brudermord, Kainszeichen (Abb. S. 24)

Diesem „Abstieg" folgt rechts von unten nach oben der „Aufstieg" mit acht Szenen aus den Evangelien:

(1) Verkündigung an Maria

(2) Jesu Geburt

(3) Huldigung der Sterndeuter

(4) Darbringung im Tempel

(5) Jesus vor Pilatus

(6) Jesu Kreuzigung mit dem Lanzenstich

(7) Drei Frauen am leeren Grab

(8) Der Auferstandene und Maria aus Magdala

Wenige Jahre jünger ist die 350 cm hohe Türe am südlichen Seitenschiff des Augsburger Doms mit ursprünglich 28, dann 35 Bildfeldern in Form von Bronzereliefs auf Holz. Beispiele sind zwei Szenen mit Schlangen: der Sündenfall und die Berufung des Mose, wobei sich sein Hirtenstab in eine Schlange verwandelt (Ex 4,3). Zum Bildprogramm gehören hier Personifikationen der Jahreszeiten: Ein „Traubenesser" ist Sinnbild des Herbstes, und im Winter füttert eine Frau Hühner.

Sechstes bis achtes Bildfeld des linken Flügels der Hildesheimer
Bernwardtür, datiert 1015. Das obere Feld zeigt Adam, der mit
einer Hacke den Boden bearbeitet und die Mutterschaft Evas. Der
Bogen des als Löwenkopf gestalteten Türgriffs dient als Hügel für
einen der Kerubim, die „östlich des Garten von Eden [...] den Weg

Wir können davon ausgehen, dass solche Türflügel vor dem Betreten der Kirche gemeinsam „gelesen" wurden. Sie boten und bieten Bibelkunde mit Hilfe von Bildern.

Dies gilt bis heute und auch für Werke der modernen Kunst. 1948–54 schuf Ewald Mataré für das Südportal des Kölner Doms drei Türen aus Bronze mit Mosaikeinlagen. Ihre Bilder handeln von Mose, dem sich Gott offenbart, und vom Pfingstfest. Die mittlere Türe zeigt einen Hahn, der Wachsamkeit symbolisiert, und den Pelikan, der seine Jungen mit dem eigenen Blut ernährt, als Symbol für Jesu Christi Opfertod. Die „Pfingsttür" zeigt auch das im Krieg brennende Köln.

Zu den biblischen Themen treten Bildergeschichten aus dem Leben und den Legenden der Heiligen. So sind die um 1170 massiv gegossenen Türflügel des Doms von Gnesen (Gniezno) dem in Gnesen bestat-

---

zum Baum des Lebens bewachten" (Gen 3,25). Das anschließende Bildfeld schildert das Opfer der beiden Söhne Adams und
Evas, des Ackerbauern Kain und des Schafhirten Abel: „Nach
einiger Zeit brachte Kain dem Herrn ein Opfer von den Früch-
ten des Feldes dar; auch Abel brachte eines dar von den Erstlin-
gen seiner Herde und von ihrem Fett. Der Herr schaute auf Abel
und sein Opfer, aber auf Kain und sein Opfer schaute er nicht"
(Gen 4,3–5). Den „Blick" symbolisiert die auf Abel gerichtete
überdimensionale Hand Gottes. Sie erscheint ebenfalls im letzten
Bildfeld mit der Szene des Brudermords. Hier richtet sie sich auf
Kain, der verflucht und verjagt wird, aber durch das „Kainszeichen" geschützt ist (Gen 4,10–16).

teten Märtyrer Adalbert gewidmet. Zu den 18 Bildfeldern gehört eine Szene, die Adalbert als Bischof
von Prag vor König Boleslaw II. vom Böhmen zeigt.
Rund 500 Jahre jünger sind die Türflügel der Kirche
St. Johann Nepomuk in München, gestiftet, erbaut
und ausgestattet von den Brüdern Egid Quirin und
Cosmas Damian Asam. Die Reliefs der Türflügel er-
zählen vom Titelheiligen der „Asamkirche": Johannes
Nepomuk aus Prag.

Die Türme

Die Symbolik der Kirche als Bauwerk ist eng mit der
vielfältigen Symbolik des Turms verbunden. Im Mittelalter konnten Kirchen sogar als Türme bezeichnet
werden. Zugrunde lagen Vergleiche, etwa im alttestamentlichen Buch der Sprichwörter: „Ein fester Turm
ist der Name des Herrn, / dorthin eilt der Gerechte
und ist geborgen" (Spr 18,10), und der Psalmist preist
Gott: „Du bist meine Zuflucht, / ein fester Turm gegen
die Feinde" (Ps 61,4). Im Hohelied ist der „Turm Davids" in „Schichten von Steinen erbaut; tausend Schilde
hängen daran, / lauter Waffen von Helden" (Hld 4,4).

Gemeinsam sind die durch den Turm symbolisier-
te Geborgenheit und Wehrhaftigkeit. Sie wurden im
frühchristlichen Kirchenbau bestätigt, indem der Eingang nach dem Vorbild eines Stadttors mit seitlichen
Wachtürmen gestaltet wurde. Diese gewannen im
Mittelalter im romanischen Stil gewaltige Ausmaße
und bildeten mit weiteren Türmen beispielsweise als
Vierungsturm über der Durchdringung von Lang-

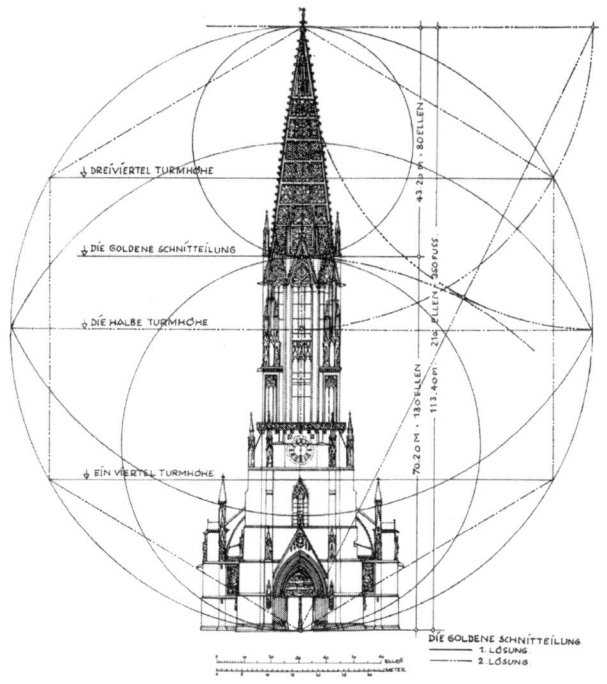

Die Proportionen des Turms des Freiburger Münsters, erschlossen von Adolf Wangert („Das Münster zu Freiburg im Rechten Maß", Freiburg 1972). Der größere Abschnitt (vom Boden bis zum Ansatz der pyramidalen Turmhaube) ist die mittlere Höhe im Verhältnis zur Gesamthöhe und zur Pyramide. Die Proportionen bilden den „Goldenen Schnitt" bzw. das „Rechte Maß". In Zahlen ausgedrückt: Die Gesamthöhe von 210 Ellen teilt sich in 130 Ellen und die 80 Ellen der Pyramide.

haus und Querhaus, mächtige Turmgruppen. Beispiele sind die Klosterkirche Maria Laach in der Eifel und St. Georg in Limburg; dieser Inbegriff einer Kirche als Gottesburg thront hoch über dem Tal der Lahn.

Diese Türme sind mehrgeschossig und besitzen ein Glockengeschoss. Denn ihre Symbolik umfasst neben der Wehrhaftigkeit und der triumphalen Verherrlichung der Kirche als Gemeinschaft der Gläubigen auch die Bedeutung als Rufer: Das Geläut der Glocken verkündet den Gottesdienst und gliedert die Zeit. Dies konnte das Geläut gemäß der alle drei Stunden zu verrichtenden Andacht des achtteiligen Stundengebets. Erhalten haben sich das Mittagsläuten und das Geläut zur Vesper um 18 Uhr. Glocken konnten aber auch vor drohenden Gefahren warnen.

Diese Aufgabe verkörpert auf besondere Weise der in Italien verbreitete Campanile als selbständiger Glockenturm. Hier reichen die Beispiele vom Turm neben Sant' Apollinare in Classe in Ravenna bis zum 1903–12 wiederaufgebauten Campanile di San Marco in Venedig mit der Figur des Erzengels Michael in 95 m Höhe auf dem Turmhelm.

Zur Geschichte des Kirchenbaus und der Glockentürme im Mittelalter gehört allerdings auch die Kritik an der im Turmbau enthaltenen Symbolik der Anmaßung. Bereits im 1. Buch der Bibel sind Fortschritte in der Bautechnik („So dienten ihnen gebrannte Ziegel als Steine") als Voraussetzung für ein verhängnisvolles Vorhaben: „Dann sagten sie: Auf, bauen wir uns eine Stadt und einen Turm mit einer Spitze bis zum Himmel und machen wir uns damit einen Namen" (Gen 11,3–4).

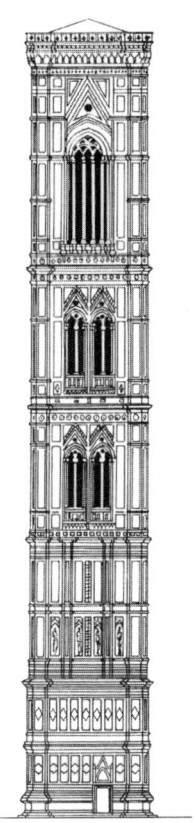

Der Dom Santa Maria del Fiore von Florenz besitzt einen etwa
82 m hohen Campanile. Begonnen wurde dieser Glockenturm
1334 von Giotto; weitere Baumeister waren Andrea Pisano und
bis 1359 Francesco Talenti. Das Sockelgeschoss zeigt ringsum in
zwei Reihen insgesamt 28 Reliefs in Form von Sechsecken, darüber als Rhomben: Erschaffung Adams und Evas, weitere Gene-
sis-Szenen, die Handwerke und die Freien Künste, die Tugenden
und die Sakramente.

Vor diesem Hintergrund verpflichtete sich der Reformorden der Zisterzienser zur *simplicitas*. Zu dieser „Einfachheit" gehörte der Verzicht auf Kirchtürme. Für die Kirchenglocke genügte der einfache Dachreiter, wie beispielsweise auf der Klosterkirche Maulbronn.

Die Absicht, „damit wir uns einen Namen machen", ist im überwältigenden Kirchenbau der Gotik wirksam. Sie wird durch den Zusatz legitimiert: „einen Namen machen zu Ehren Gottes". In diesem Sinne sind die Kirchtürme, die in die Höhe streben, gleichsam Zeigefinger, die zum Himmel weisen. Zu ihrer Symbolik gehören Wasserspeier in Gestalt von Dämonen oder Tieren, die Unheil abwehrende Bedeutung besitzen: Wie das hier gesammelte Regenwasser in hohem Bogen ausgespieen wird, so sollen auch böse Geister ferngehalten werden.

Das „Wir", das sich zur Ehre Gottes einen Namen macht, sind im Zeitalter der Gotik die Bürgerschaften der Städte mit Sitz eines Bischofs oder Erzbischofs. Doch auch eine Pfarrkirche konnte an diesem Wettstreit teilnehmen, z. B. das Ulmer Münster. Es ist aber auch – wie der Kölner Dom – ein Beispiel für das Erlahmen der Bautätigkeit am Ende des Spätmittelalters. Erst im 19. Jahrhundert erhielt der Kölner Dom seine neugotische Doppelturm-Fassade (Vollendung der beiden 156 m hohen Westtürme 1880), und der mit 161 m weltweit höchste Ulmer Kirchturm erhielt seine die Spitze bekrönende Kreuzblume 1890.

Im 20. Jahrhundert führte die Entwicklung der zunächst als „Turmhäuser" bezeichneten Hochhäuser mitunter zu der städtebaulichen Verordnung, zumindest in der Innenstadt dürfe kein profanes Bauwerk die Höhe der Kirchtürme erreichen oder gar übertreffen. Sie bilden einzeln oder als Ensemble aus unterschiedlichen Epochen (mit Meisterwerken des Kirchenbaus im Barock) die traditionellen Wahrzeichen der Städte.

Die Ostung

In der Regel befindet sich der Haupteingang einer Kirche als länglicher Richtungsbau an der Westseite. Das Gebäude erstreckt sich somit nach Osten. Diese Orientierung ist Ausdruck der Lichtsymbolik: *Ex oriente lux* lautet eine zunächst auf die Sonne bezogene und auf das Christentum angewandte Formel: „Aus dem Osten kommt das Licht." Die aufgehende Sonne überwindet das Dunkel der Nacht und symbolisiert die Erleuchtung, den Sieg über die Finsternis teuflischer Mächte, über den Tod durch die Auferstehung und ist die Richtung der Wiederkehr Christi (vgl. S. 44 f.). All diese Symbole enthält das Licht, das in den Morgenstunden durch die Chorfenster der geosteten Kirche fällt. Diese Orientierung herrscht bei allen Kirchen, deren Errichtung durch keine örtliche Beschränkung beeinflusst wurde. Dies galt insbesondere für die in der Einsamkeit erbauten Klosterkirchen, und innerhalb einer bestehenden Ansiedlung ließ sich notfalls der Baugrund freiräumen, um die gewünschte Ostung zu erreichen. Ein Dokument der regulären Anlage einer Klosterkirche ist der wohl um 820 auf der Reichenau für den Neubau des Klosters

St. Gallen entstandene Grundriss. Dieser „Klosterplan von St. Gallen" befindet sich in der Stiftsbiblio-
thek St. Gallen.

Das bekannteste Beispiel für eine Umkehrung des
Prinzips der Ostung ist ausgerechnet die Peterskirche
im Vatikan, deren Eingangsfront im Licht der Mor-
gensonne leuchtet. Der Grund für diese Ausnahme
liegt in der Baugeschichte. Bei der Grundsteinlegung
des Neubaus 1506 bestand der Plan eines von Bramante entworfenen Zentralbaus über dem Grab des
hl. Petrus. Nach mehreren Planänderungen kehrte
Michelangelo ab 1546 (Bauleitung bis zum Tod 1564)
zu Bramantes Konzeption zurück (Abb. S. 125), und
1593 vollendete Giacomo della Porta die Kuppel.
Doch der Zentralbau der Peterskirche als Grabkirche
und somit Mausoleum widersetzte sich liturgischen
Anforderungen, sodass sie unter Papst Paul V. ab 1621
durch Carlo Maderna ein nach Osten – auf die Stadt
Rom – gerichtetes Langhaus mit Ostfassade erhielt
(Abb. S. 12).

Derlei topographische Besonderheiten des Städte-
baus bedingten die jeweilige Orientierung der Kirchen. Zwei Beispiele in München sind die barocke
Theatinerkirche und die Ludwigskirche von Friedrich Gärtner im Stil der Neoromanik (Weihe 1844).
Sie liegen an einem von Süden nach Norden führenden Straßenverlauf (Theatinerstraße/Ludwigstraße),
aber auf unterschiedlichen Seiten. Dies bedeutet, dass
die Eingangsfront der Theatinerkirche den östlichen
Beginn bildet, während die Pfarrkirche St. Ludwig
nach Osten gerichtet ist.

Die Vierung

Innerhalb der vielfältigen Formen der Kirche als Bauwerk, von denen die Kunstgeschichte des Kirchenbaus handelt, gibt es einen Typus, dessen Außensicht besonders deutlich die Binnengliederung zu erkennen gibt, nämlich den Grundriss des „lateinischen Kreuzes". Seine Merkmale sind ein langer Schaft und ein kürzerer Querbalken im Unterschied zu den vier gleich langen Armen des „griechischen Kreuzes".

Jener Schaft liegt dem Langhaus zugrunde, während über dem Querbalken das Querhaus errichtet ist. Die rechtwinklige Durchdringung von Langhaus und Querhaus ergibt das Vierungsquadrat, über dem sich der Vierungsturm mit quadratischem Sockelgeschoss in die Höhe richtet.

Charakteristisch für den romanischen Gliederungsbau ist die „ausgeschiedene Vierung", Sie entsteht, indem dieser Raumteil durch Vierungsbögen auf Vierungspfeilern von Mittelschiff, Querschiff und Chor abgegrenzt wird. Dabei stimmen Mittelschiff und Querschiff in Breite und Höhe überein. Das älteste Beispiel ist St. Michael in Hildesheim (1010–30) im Übergang von der Ottonik am Ende des Frühmittelalters zur Romanik am Beginn des Hochmittelalters.

Ebenfalls romanisch ist der „quadratische Schematismus". Er bedeutet, dass das Vierungsquadrat die Maßeinheit für das gesamte Bauwerk bildet: Es wiederholt sich als Chorquadrat, in den beiden Querschiffquadraten und im Grundriss der einzelnen Joche des tonnengewölbten Mittelschiffs, während die

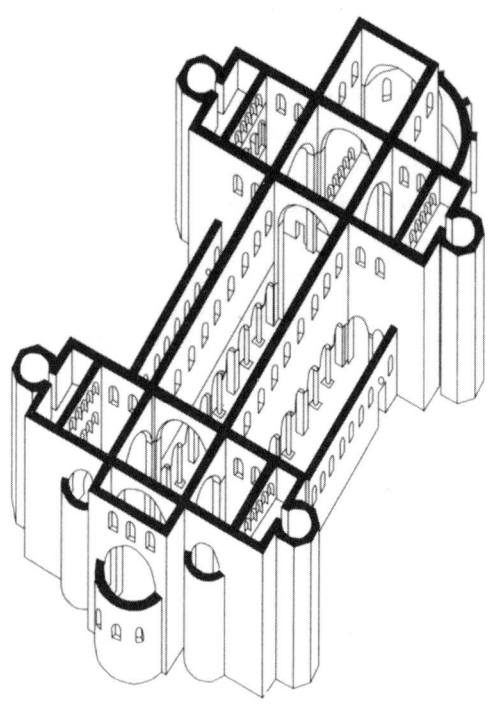

St. Michael in Hildesheim. Bischof Bernward gründete das Kloster 996; mit der Erbauung der Klosterkirche wurde 1010 begonnen, die letzte der drei Weihen fand 1033 statt. Das Langhaus gliedert sich in ein hohes Mittelschiff und zwei niedrige Seitenschiffe; sowohl im Osten als auch im Westen kreuzt ein Querhaus das Langhaus, sodass jeweils eine Vierung entsteht. Die Arkaden zwischen den Schiffen weisen den Stützenwechsel auf: zwei Säulen wechseln regelmäßig mit jeweils einem Pfeiler ab; der Abstand zwischen den Pfeilern entspricht der Breite des Mittelschiffs, sodass die Pfeiler die Eckpunkte von Quadraten markieren. Sie bilden das Grundmaß, das sich in den Querhäusern jeweils dreimal wiederholt.

Seitenschiffe die halbe Breite besitzen. Dieses, an der Vierung gemessene Konstruktionsschema wird auch als „gebundenes System" bezeichnet.

Die Kuppel

An die Stelle des Vierungsturms tritt die Vierungskuppel. Sie bekrönt die zunehmend als selbständiger Raumabschnitt gestaltete Vierung. Zwar ist die Konstruktion einer Kuppel bereits im Altertum die größte bautechnische Herausforderung. Ihre monumentalen Lösungen sind zunächst die Kuppel des „allen Göttern" geweihten Pantheon in Rom aus der Zeit Kaisers Hadrians (um 115–25 n. Chr., um 610 unter Papst Bonifaz Santa Maria ad Martyres), im Frühmittelalter die Kuppel der 532–37 erbauten Palastkirche Kaiser Justinians I. in Konstantinopel, als Hagia Sophia der „Heiligen Weisheit" geweiht (ab 1453 Moschee, seit 1934 Museum). Der erste nordalpine Kuppelbau ist die 805 durch Papst Leo III. geweihte Pfalzkapelle Karls d. Gr., heute ein Bestandteil des Doms von Aachen.

Wegweisend für die Kuppel im Kirchenbau der Neuzeit wurde die Errichtung des Gewölbes über der Vierung des um 1295 begonnenen Neubaus des Florentiner Doms Santa Maria del Fiore. Doch erst um 1420 wurde die kühne Konstruktion Filippo Brunelleschis ausgeführt: Eine innere Schale verbindet Längsrippen und Querriegel zu einem sphärischen Netz; es trägt die Außenschale, auf der Längsrippen den Blick vom Tambour zur Laterne über dem Scheitel der Kuppel lenken (Vollendung der Kuppel nach Brunelleschis Tod 1451,

Längsschnitt durch die Hagia Sophia in Konstantinopel (Istanbul, erbaut 532–37 durch Anthemios von Tralles und Isidoros von Milet; nach dem Einsturz der Kuppel Weihe des heutigen Baus 562. Die innere Länge beträgt 80,9 m, die Gesamtbreite 69,7 m. Kuppeldurchmesser einschließlich der Gesimse knapp 34 m, Scheitelhöhe der Kuppel 56,2 m.

Weihe des Doms 1467). Rund 120 Jahre später wurde Michelangelos Kuppel der Peterskirche vollendet. Auch Michelangelo (Bauleitung 1546–64) starb, bevor die Laterne aufgesetzt wurde, die dem Kuppelraum Licht spendet.

Von nun an gehörte die Kuppel als Symbol des Himmelsgewölbes zum äußeren, im Innern mit Mosaiken oder Malerei ausgestatteten Schmuck einer Kirche. Die unzähligen Beispiele, die sich durch diese Himmelssymbolik auszeichnen, reichen von Borrominis Sant' Agnese an der Piazza Navona in Rom über Fischer von Erlachs Karlskirche in Wien und die Münchner Theatinerkirche von Agostino Barelli sowie den „Invalidendom" Saint-Louis des Invalides von Jules

Das Innere der Klosterkirche Daphni bei Athen aus dem 12. Jahrhundert. Die Innenschale der Kuppel zeigt das Brustbild des
Christus Pantokrator, dem Allherrscher, auch Kosmokrator genannt. Das bärtige Haupt in der Himmelskuppel hinterfängt ein
Kreuznimbus, die Rechte ist zum Segensgruß erhoben, die Linke
hält das Buch des Lebens.

Hardouin-Mansart in Paris bis zur Londoner Saint Paul's Cathedral von Christopher Wren.

Die Profanierung einer Kuppelkirche und des sakralen Symbols Kuppel repräsentiert das Pariser Panthéon français. Es erhielt 1791 seine Bestimmung als Mausoleum der „großen Männer der Epoche der Freiheit" durch die bauliche Veränderung der 1764 von Jaques-Germain Soufflot über einem kreuzförmigem Grundriss begonnenen und 1790 vollendeten Kirche Sainte-Geneviève. Erhalten blieb die steil aufgerichtete Kuppel, deren Öffnungen das Innere dieses „Totentempels" von oben erhellen, währen die seitlichen Fenster zugemauert wurden.

Die Innengliederung

Hauptschiff und Seitenschiffe

Als „Schiff" wird in der Architektur allgemein ein lang gestreckter Raum entlang einer Längsachse bezeichnet, sei es ein ägyptischer Tempel oder eine Fabrikhalle. Geläufiger ist der Begriff Kirchenschiff. Hier ergibt sich ein Zusammenhang zwischen der Kirche und der Arche als Symbol der Rettung. Dass dieser schwimmende „Kasten" (lat. *arca)* die längliche Form eines Schiffes besitzt, zeigt Gottes Anweisung an Noah: „So sollst du die Arche bauen: Dreihundert Ellen lang, fünfzig Ellen breit und dreißig Ellen hoch soll sie sein" (Gen 6,15).

Ein Beispiel für die symbolische Darstellung der Arche als Basilika mit überhöhtem Mittelschiff zeigt eine der 1181 vollendeten Emaille-Platten des Klosterneuburger Altars in der Leopoldikapelle des Chorherrenstifts Klosterneuburg bei Wien: Nikolaus von Verdun zeigt hier, wie Noah die zum zweiten Mal ausgesandte Taube wieder in Empfang nimmt: „Gegen Abend kam die Taube zu ihm zurück, und siehe da: In ihrem Schnabel hatte sie einen frischen Olivenzweig. Jetzt wusste Noah, dass nur noch wenig Wasser auf der Erde stand" (Gen 8,11). Dieses Symbol der Rettung gilt auch für die Arche als Kirche, denn Noah beugt sich aus einem Fenster im Obergeschoss seines „basilikalen" Schiffs.

Den Vergleich zwischen Kirche und Arche entfaltete der französische Theologe Hugo von St. Viktor um 1130 auf folgende mystische Weise: „Sind wir erst einmal hineingetreten, werden wir mit Gottes Hilfe in ihm [dem Kirchengebäude] alle Genüsse dieser Welt verachten und ohne Furcht vor dem Feindlichen sein können [...] Und wenn wir alles, was innen ist, betrachtet haben werden, will ich das Fenster der Arche hin und wieder öffnen, und abwechselnd werden wir im Anblick dessen, was draußen ist, an den Wassern dieser Sintflut uns die Augen des Geistes erneuern. Besonders angenehm wird es sein, von einer Art Warte aus herabzuschauen und das Gute, das wir gefunden haben und besitzen, zu betrachten, wobei sich das Auge nach innen richtet."

In der Tat ist die frühchristliche Basilika (S. 93–96, Abb. S. 95) der Prototyp des Kirchengebäudes, das sich in ein überhöhtes Haupt- oder Mittelschiff und zwei parallele, durch Arkaden abgetrennte niedrige Neben- oder Seitenschiffe gliedert.

Dieser Typus blieb in der Romanik verbindlich und erlebte in der Gotik mitunter eine Erweiterung zur fünfschiffigen Anlage, z. B. bei der 1163 begonnenen Kathedrale Notre-Dame in Paris oder beim 1248 begonnenen Kölner Dom.

Eine zweite Abwandlung der basilikalen Unterordnung der Nebenschiffe unter das überhöhte, durch die Fenster des Lichtgadens erhellte Mittelschiff kennzeichnet die spätgotische Hallenkirche. Indem die Nebenschiffe dieselbe Höhe wie das Mittelschiff haben, entsteht ein einheitlicher Gesatraum. Beispiele sind die Heilig-Kreuz-Kirche in Schwäbisch Gmünd (um 1320–30 beginnt der Umbau des romanischen Langhauses zum Hallenbau, 1351 wird der neue Hallenchor angefügt), der 1380 begonnene Neubau von St. Martin in Landshut sowie die Frauenkirche in München (Grundsteinlegung 1469). Ein äußeres Merkmal der im Innern lichten Hallenkirchen mit großflächigen Seitenfenstern ist ein mächtiges Dach, das alle drei Schiffe gemeinsam deckt.

Während das Mittelschiff zum Hochaltar führt, werden die Seitenschiffe von Kapellen begleitet oder gliedern sich in Andachtsräume mit Nebenaltären. Dies gilt auch für das Langhaus der Peterskirche, das an Michelangelos Zentralbau angefügt wurde. Diese Unterteilung der Seitenschiffe durch Wandpfeiler ist ein weit verbreitetes Merkmal des Kirchenbaus im Barock. Stilbildend war die „Vorarlberger Bauschule" der

Flach gedecktes Mittelschiff von San Lorenzo in Florenz, Planung des Neubaus um 1418, Bauleitung durch Filippo Brunelleschi von 1469 bis zu dessen Tod 1446, Vollendung des Innenraums 1469. Brunelleschi gab dem Langhaus den Charakter einer Säulenbasilika mit Arkaden zwischen dem Mittelschiff und den beiden Seitenschiffen, die von schmalen Kapellen begleitet werden.

in Süddeutschland und der Schweiz tätigen Familien Beer und Thumb. Hauptwerke sind die 1686–1701 errichtete Klosterkirche in Obermarchtal und die 1724 vollendete Klosterkirche in Weingarten. Zu nennen sind auch die Klosterkirchen in Einsiedeln (Abb. S. 129) und auf dem Schönenberg bei Ellwangen.

Ursprünglich kennzeichneten Seitenschiffe, die auch den Chor umrundeten, als Prozessionsweg die Kirchen an Pilgerrouten. Solche romanischen „Pilgerkirchen" entstanden an den Wegen nach Santiago da Compostela in Tours, Limoges, Conques (Abb. S. 110) und Toulouse. Ein solcher Umgang gehörte unter konfessionellem Gesichtspunkt zur Konzeption der ab 1739 errichteten Hofkirche in Dresden. Denn die zum Katholizismus konvertierte Dynastie der albertinischen Wettiner, die schließlich die polnische Königskrone erhielt, wollte vermeiden, die überwiegend protestantische Bevölkerung der Residenzstadt an der Elbe durch Prozessionen als Bestandteile des katholischen Kultus zu befremden; sie wurden ins Innere der Hofkirche verlegt.

Das Querschiff

Der Grundriss des lateinischen Kreuzes bzw. Passionskreuzes ergibt sich, indem ein Querhaus das Langhaus rechtwinklig durchdringt. Es enthält das Querschiff, dessen Bezeichnung als Transept die Eigenart als Schranke zwischen Mittelschiff und Chor betont. Wirkungsvoller als die Abgrenzung ist aber der als Vierung bezeichnete Raumabschnitt, in dem sich das Langhaus und das Querhaus durchdringen und auf den das Mittelschiff und die beiden Arme des Querschiffs zuführen. Über ihm erhebt sich der Vierungsturm.

Zur Zeit der Jahrtausendwende entstanden auch Basiliken mit einem östlichen und einem westlichen Querhaus. Die beiden Querschiffe mit jeweils anschließendem Altarraum und Chor sind Ausdruck einer Partnerschaft kirchlicher und weltlicher Hoheit,

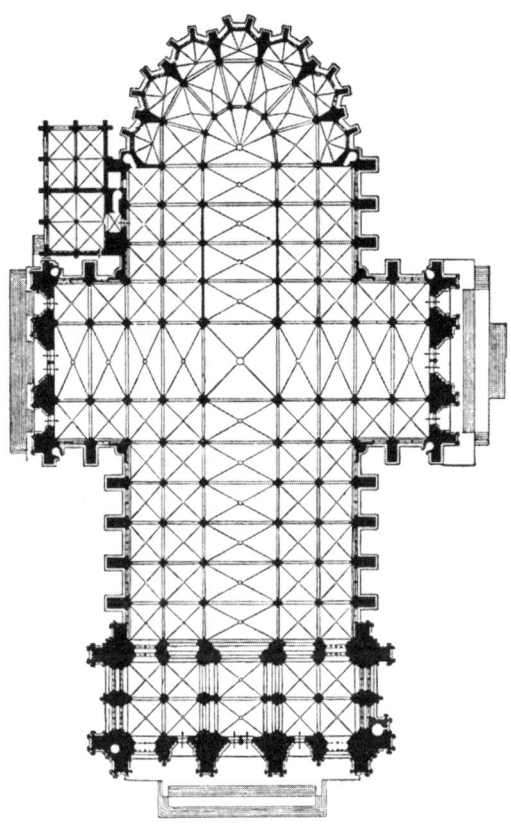

Grundriss des Kölner Doms mit den Daten: Baubeginn 1248, Chorweihe 1322, Einstellung der Bauarbeiten 1560, 1842 Neubeginn, 1890 Vollendung der Westfront. Das Mittelschiff des Langhauses begleiten je zwei Seitenschiffe, das Querhaus gliedert sich in drei Schiffe. An die Vierung schließt sich östlich der Hochchor mit doppeltem Chorumgang an. Der nordöstliche rechteckige Anbau enthält die Sakristei.

die zu den Idealen der ottonischen Reichskirche gehörte (Abb. S. 34).

In dem Maße, in dem der Vierungsturm durch Kuppeln ersetzt wurde, erhielt die Vierung eine Fülle an Licht, das von oben einströmte.

Die in der Regel nördlichen und südlichen Arme des Querschiffs erhalten vor allem bei gotischen Kathedralen ihr Licht durch Rosenfenster über den Portalen des Querhauses.

Chor und Apsis

Beim Kirchengebäude entlang einer Längsachse führt ein gerader Weg von dem in der Regel westlichen Eingang zum demnach östlichen Chor. Dieser Weg führt vom Dunkel des Westens zum Licht der aufgehenden Sonne. Den spirituellen Charakter dieses Weges fasste Abt Suger in die Worte, die er 1140 in die Pforte der Abteikirche Saint-Denis meißeln ließ: „Der blinde Geist steigt auf zur Wahrheit durch Vermittlung dessen, was stofflich ist. Sieht er das Licht, steht er aus seiner früheren Versenkung auf."

Das „Stoffliche" ist das Bauwerk als solches, das in der königlichen Grablege Saint-Denis (heute im gleichnamigen Vorort von Paris) zum Ausgangspunkt des gotischen Baustils wurde. Ein von Abt Suger beauftragter, namentlich nicht überlieferter Baumeister gestaltete einen halbrunden Chor mit doppeltem Chorumgang, den ein Kranz von Kapellen umgibt. Vollkommen neuartig ist die Vereinheitlichung der unterschiedlichen Raumteile Chor (als sakraler Kernbereich), Umgänge und Kapellen durch die Auflösung „starrer" Trennwände und der Außenwände durch ein Gefüge aus Säulen als Stützen von Gewölben sowie durch die Fenster. Diese lassen von drei Seiten Licht einfließen im täglichen und jahreszeitlichen Wechsel der Beziehung zwischen Erde und Sonne. Dieser Wechsel steht im Einklang mit dem Zyklus der Kirchenfeste: Weihnachten zur Zeit der kürzesten Tage und längsten Nächte; mit der Tag- und Nachtgleiche (Äquinoktium) nähern wir uns dem Osterlicht (1. Sonntag nach dem 1. Vollmond im Frühling); kurz nach dem längsten Tag und der kürzesten Nacht wird das Fest des Johannes' des Täufers gefeiert (24. Juni). Dieser wird „dem Herrn vorangehen" (Lk 1,17). Somit ist der kosmische Zyklus der Beziehung zwischen Erde und Sonne, der alles Leben physisch mitbestimmt, in der wechselnden Lichtfülle des Chorraums ein metaphysisch-spirituelles Sinnbild der Verheißung.

Die Bezeichnung des in der Regel östlichen Ziels eines Wegs vom Profanen zum Sakralen leitet sich vom Chorgesang der hier gruppierten Geistlichen her. Die liturgische Bedeutung dieses Bereichs verdeutlicht dessen baugeschichtliche Entwicklung, die bereits bei der frühchristlichen Basilika beginnt: Das Chorquadrat erhält als Chorhaupt eine halbrunde Apsis, auch Apside genannt. Sie umgab ursprünglich den Altar. Indem dieser in den Chor rückte, bot die Apsis Platz für den Bischofsstuhl und die Sitze der Geistlichen bzw. Presbyter (griech. „Ältester"); nach ihnen wird die Apsis und der damit verbundene Chor auch Presbyterium genannt. Indem die Seitenschiffe

Der Mittelteil des schmiedeeisernen Chorgitters vor dem Hochaltar der Abteikirche Weingarten bedient sich des barocken Illusionismus, indem Räumlichkeit vorgetäuscht wird, etwa eine
durchfensterte Halbkuppel oder ein perspektivisch in die Tiefe
fluchtender Gang mit Tonnengewölbe.

46

die Querschiffe zu beiden Seiten die Vierung überqueren, münden sie in Nebenapsiden beiderseits der Hauptapsis.

Zu den Möglichkeiten, die nach und nach zu einer Raumeinheit entwickelten Bereiche Chor und Altarraum auszuzeichnen, gehören die mit Stufen überbrückten Erhöhungen, die zunächst als niedere Brüstung gestalteten Chorschranken, die mitunter auch den Chorumgang abgrenzten, schließlich geschmiedete Chorgitter. Ein herausragendes Beispiel ist das um 1735 als Trennung zwischen Chor und Vierung entstandene Chorgitter mit perspektivisch verkürzten Wiedergaben von Innenräumen in der Abteikirche von Weingarten (heute vor dem Hochaltar).

Das Chorgestühl

Die Ausdehnung des Chors, der den Geistlichen, bei Klosterkirchen den Mönchen bzw. Nonnen vorbehalten war, veranschaulicht das Chorgestühl. Es diente der gemeinsamen Andacht der Kleriker und dem achtteiligen, alle drei Stunden zu verrichtenden Stundengebet, beginnend mit den Laudes um 3 Uhr. Es folgt ab dem Beginn des Tages (6 Uhr) der Zyklus Prim, Terz, Non, die Vesper um 18 Uhr (vgl. das bis heute gebräuchliche Vesper-Läuten), die Komplet am Ende des Tages um 21 Uhr und die Matutin zur Mitternacht.

Seine Grundform gewann das Chorgestühl im 13. Jahrhundert und behielt sie bis ins 18. Jahrhundert. Es gliedert sich zu beiden Seiten des Chors in eine untere und eine obere Sitzreihe, deren Rückwand (Doxale) von Baldachinen bekrönt wird. Wobei die als „Stallen" bezeichneten, voneinander getrennten „Sitze" eigentlich stehend eingenommene Plätze waren, die allerdings auch mit in der Regel aufrecht gestellten Klappsitzen ausgestattet wurden. Ein Steg an der Unterseite des hochklappbaren Sitzes diente als Miserkordie (von lat. *misericordia*, „Barmherzigkeit") dem unbemerkten Sitzen im Stehen. Diese „barmherzigen" Stützen verheimlichten physische und damit verbundene spirituelle Schwäche. In diesem Sinne sind die Miserikordien auch mit Darstellungen von Dämonen, Teufelsfratzen und sogar sexuellen Praktiken als Symbolen der Fleischeslust verbunden.

Im Gegensatz zu diesen weitgehend verborgenen Reliefs zeigen sowohl die Rückwände als auch die Seitenwände („Wangen") religiöse Bilder, die vielfach Meisterwerke der Schnitzkunst sind.

Genannt seien in chronologischer Reihenfolge:

Das um 1450 entstandene Chorgestühl der ehemaligen Klosterkirche in Maulbronn mit alttestamentlichen Szenen an den Wangen, z. B. Kain und Abel, die Trunkenheit des Noach, Simsons Kampf mit dem Löwen, Davids Tanz vor der Bundeslade, die Wurzel Jesse gemäß der messianischen Weissagung des Propheten Jesaja: „Doch aus dem Baumstumpf Isais [= Jesse, der Vater Davids] wächst ein Reis hervor, ein junger Trieb aus seinen Wurzeln bringt Frucht" (Jes 11,1). Diese Frucht ist in der typologischen Ikonographie (siehe S. 177–180) im Wipfel des „Jessebaums" das Christuskind in den Armen Marias.

Die Büste des Ptolemäus von Jörg Syrlin d. Ä. gehört zu den Bildnissen der sieben Weisen des Altertums am Chorgestühl des Ulmer Münsters, vollendet 1474. Die Attribute Himmelskugel und Zirkel kennzeichnen Ptolemäus als Astronomen und Geographen. Die Inschrift bezeichnet ihn als homo religiosus: *„Bei den Gütern, welche uns von Gott zukommen, erwäge die Güte des Spenders. Im Unglück beachte die gute Besserung oder Vergeltung."*

Die Reliefs und Büsten des 1475 vollendeten Chorgestühls des als Pfarrkirche entstandenen Ulmer Münsters sind Werke von Jörg Syrlin d. Ä. Ungewöhnlich und vom frühen Humanismus geprägt ist das Programm der figürlichen Darstellungen. Denn die Vorahnung der christlichen Erlösung verkörpern hier sieben antike, christlich gedeutete Weise und Sibyllen. Ihre Büsten bekrönen die Wangen der jeweils unteren Sitzrehe. Diese Büsten zeigen laut ihrer Inschriften auf der nördlichen „Männerseite" Pythagoras, den eine Laute als Erfinder der Musik kennzeichnet, gefolgt von Cicero, Terenz, dem Astronomen und Geographen Ptolemäus, dem Philosophen Seneca, dem Rhetor Quintilian und dem Philosophen Secundus. Diesen griechischen und römischen, im Frühhumanismus des 15. Jahrhunderts verehrten Weisen entsprechen auf der südlichen „Frauenseite", deren Sitze selbstverständlich ebenfalls Kleriker einnahmen, sieben Sibyllen. Diese Seherinnen wurden bereits früh in das christliche Weltbild einbezogen. In Ulm sind es – vom Altar ausgehend – die Phrygische, Cimerische, Cumäische und Hellespondische Sibylle, dann die in der Legende von der Weihnachtsvision des Augustus auftretende Sibylle von Tibur, gefolgt von der Lybischen und der Delphischen Sibylle. Rund 40 Jahre jünger sind Michelangelos Bildnisse der Sibyllen von Delphi, Eryträa, Cumä, der Sibylle Persia und der Lybischen Sibylle. Sie alternieren am Gewölbe der Sixtinischen Kapelle im Vatikan mit den sieben Propheten Sacharja (über dem Eingang), Joël, Jesaja, Ezechiel, Daniel, Jeremia und Jona über dem Altar. Das Ulmer Chorgestühl versetzt die Propheten als Reliefs an das jeweilige Doxale. Darüber sind die Baldachine mit Darstellungen von Kirchenvätern und weiteren Heiligen ausgestattet. Unmittelbar vor dem Chorgestühl schufen Syrlin und seine Werkstatt, ebenfalls im Auftrag des Ulmer Stadtrats, den auch als „Levitenstuhl" bezeichneten Dreisitz als theologisches und künstlerisches Präludium des Chorgestühls. Hier nahmen der Priester, der Diakon und der Subdiakon während des Zeremoniells der Messe Platz. Bereits hier stehen zwei Sibyllen in Verbindung mit acht Propheten. Zuoberst erscheint Christus als Retter und Richter. Ein Königsmantel umhüllt die im übrigen unbekleidete Gestalt; die Rechte ist zum Segensgruß erhoben, die Linke hielt ursprünglich ein Schwert.

Im Ulmer Münster bilden der Chor, das Chorgestühl und der Dreisitz eine stilistische Einheit im Übergangs von der Hochgotik zur Spätgotik. Ein Gegenbeispiel befindet sich im Stift Heiligenkreuz im südlichen Wienerwald. Die zunächst rein romanische Kirche der 1135/36 gegründeten und somit ältesten Zisterzienserabtei in Österreich erhielt einen 1295 geweihten gotischen Hallenchor. Hier befindet sich ein barockes Chorgestühl, das Abt Gerhard Weixenberger 1707 beim Wiener Hoftischlermeister M. Rueff in Auftrag gegeben hat. Die Ausstattung mit Schnitzerei wurde Giovanni Giuliani aus Venedig übertragen; ab 1690 lebte er in Wien. Seine Aufgabe waren einerseits 38 Relieftafeln – 16 für die Rückwände der jeweils oberen Sitzreihe – mit Szenen aus dem Leben Jesu (heute verringert auf 28 von der Taufe bis zur Himmelfahrt). Andererseits schuf Giuliani Büsten von Ordensheiligen, welche die beiden parallelen Teile des Chorgestühls bekrönen.

Zwei weitere barocke Chorgestühle sind repräsentativ für Wandlungen der christlichen Bildwelt im Zeichen der katholischen Selbstvergewisserung angesichts des neuzeitlichen Säkularismus. In der ab 1748 erbauten Abteikirche von Ottobeuren im bayerischen Alpenvorland setzen die Relieftafeln der Chorgestühl-Rückwände alttestamentliche Szenen zur Legende des Ordensgründers Benedikt in Beziehung. So liegen sich in einer neuartigen Auffassung der traditionellen Typologie die Darstellung des Psalmisten David und Benedikts beim Gesang von Psalmen als „Typus" und „Antitypus" gegenüber. Beides lebt im Gesang der Mönche weiter.

In der Abteikirche im oberschwäbischen Weingarten ist das Chorgestühl mit ornamentalem Schnitzwerk ausgestattet. Eine Steigerung des Dekorativen bilden Putten und Engelhermen: flache Pilaster, die in den Oberkörpern von Engeln münden. Es sind Jugendwerke von Josef Anton Feuchtmayer im Übergang vom Barock zum Rokoko. Zu seinen Hauptwerken im Bodenseeraum gehört das Chorgestühl (1762–68) der Stiftskirche St. Gallen.

Der Lettner

Die zumeist westlichen Schmalseiten und somit Endteile der Chorgestühle befinden sich an der Grenze zwischen dem Chorbereich, der dem Klerus vorbehalten war, und dem Kirchenraum der Laien. Diese Grenze besaß und besitzt liturgische Bedeutung, die im romanischen Kirchenbau durch den Einbau eines

Im Mittelschiff der Maulbronner Klosterkirche ist der romanische
Lettner erhalten. Vor seiner Westseite befindet sich der Laienaltar
des Gemeinderaums. Das gewaltige Kruzifix zwischen Altar und
Lettner stammt aus dem Jahr 1473 und ist etwa 20 Jahre jünger
als das Chorgestühl, das sich östlich an den Lettner anschließt.

Lektoriums verdeutlicht wurde. Es handelt sich um den Lettner (von lat. *lectorium*, „Lesepult"). Sein frühchristlicher Ursprung ist der Ambo, eine Nachfolgerin des Lettners ist die Kanzel (siehe S. 75–80).

Ambo, Lettner und Kanzel ist eines gemeinsam: die Schriftlesung und Predigt auf einem erhöhten Standort. Diesem Zweck diente beim Lettner der obere Abschluss des massiven Mauerwerks als eine durch Treppen erreichbare Plattform. Auf ihr fand alles Platz, was zur Schriftlesung benötigt wurde; sie konnte auch als Sängertribüne dienen. Bei der Schriftlesung dürfte bereits zwischen der aus Sicht des Gemeinderaums linken Evangelienseite (auch „Frauenseite") und der rechten Epistelseite (auch „Männerseite") unterschieden worden sein. Im einen Fall stammte die Lesung aus den Evangelien, im anderen Fall aus der Apostelgeschichte und den Briefen (lat. *epistulae)* der Apostel.

Im Hochmittelalter strebte der gotische Kirchenbau zum Einheitsraum und somit zur Aufhebung der demonstrativen Unterscheidung zwischen Chorbereich und Gemeinderaum. Erhalten sind daher wenige Lettner. Beispiele sind der romanische Lettner mit Durchgängen zwischen Chorgestühl und Laienaltar in Maulbronn (Abb. S. 53), der Lettner der Marienkirche in Gelnhausen und der Lettner im Dom von Havelberg in der Altmark.

Erhalten sind v. a. Lettner mit herausragender skultpuraler Gestaltung. Dies gilt insbesondere für den Lettner am Westchor des doppelchorigen Naumburger Doms. Die Reliefs an diesem Westlettner mit Szenen aus der Passionsgeschichte vom Letzten Abendmahl bis zu Jesu Kreuztragung gehören zu den Hauptwerken des „Naumburger Meisters". Ihm wird auch der um 1235–40 entstandene „Bassenheimer Reiter" zugeschrieben. Das Hochrelief zeigt den berittenen hl. Martin, der mit dem Schwert seinen Mantel in zwei Hälften teilt; eine davon gibt er einem Bettler. Das Bildwerk stammt vom Westlettner des Mainzer Doms und gelangte in die Pfarrkirche von Bassenheim bei Koblenz.

Die Krypta

Als doppelchorige Basilika besitzt der Naumburger Dom auch einen Ostlettner. Er ist zugleich die Stirnseite des deutlich erhöhten Ostchors. In die Höhe gehoben wird er durch die darunter liegende Krypta.

Solche „Unterkirchen" leiten ihre Bezeichnung von griech. *kryptein* mit der Bedeutung „verbergen, verhüllen, verstecken" her. Ihr Ursprung ist das als Confessio bezeichnete Grab eines Märtyrers und Titelheiligen unter dem Hochaltar. Siehe hierzu Vers 9 im 6. Kapitel der Offenbarung des Johannes: „Als das Lamm das fünfte Siegel öffnete, sah ich unter dem Altar die Seelen aller, die hingeschlachtet worden waren wegen des Wortes Gottes und wegen des Zeugnisses, das sie abgelegt hatten."

Indem die Confessio bzw. Grablege durch unterirdische Gänge zugänglich gemacht wurde, entwickelten sich liturgisch genutzte, mehrteilige, gewölbte Hallenkrypten, die in der Romanik den darüber liegenden

Chor gleichsam nach oben heben: Das Bodenniveau des Chores lag über dem des Langhauses. In der Gotik blieb die Krypta eine Ausnahme

Ein Beispiel für die zentrale Bedeutung der unterirdischen Grablege eines Kaiserdoms ist die Krypta des um 1030 unter dem Salier Konrad II. begonnenen Doms von Speyer. Sie erstreckt sich unter Apsis, Chor und Querhaus, ist mit einem von 20 Säulen gestützten Kreuzgewölbe ausgestattet und enthält die Gräber von acht Herrschern des Heiligen Römischen Reiches, vom Stifter des Doms über Heinrich III. und Heinrich IV. bis zu Rudolf von Habsburg.

Die Emporen

Wie die Chorgestühle, so bilden auch die Emporen keinen unabdingbaren Bestandteil der Innengliederung einer Kirche bzw. ihrer Innenarchitektur. Ihr Einbau besaß und besitzt allerdings vielfältige Bedeutung.

Hergeleitet vom althochdeutschen *in bore*, „in die Höhe", ist die Empore im Kirchenbau die Bezeichnung für ein Zwischengeschoss. Es befindet sich in der Regel über den Seitenschiffen und ist zum Mittelschiff hin offen. Allgemein dienen Emporen dazu, den im Kirchenraum verfügbaren Platz zu vergrößern. Bei Kirchen an den Pilgerwegen dienten sie sogar den Pilgern als Nachtlager. Bei der Trennung der Geschlechter nahmen Frauen auf der Empore am Gottesdienst teil. Ähnliches galt für die Absonderung der höfischen Gesellschaft vom „gemeinen Volk".

Der 1746 vollendete Neubau der Stadtkirche St. Marien in Grossenhain in Sachsen enthält drei umlaufende Emporen. Dadurch finden 2 000 Personen in der Kirche Platz.

Nach wie vor befindet sich über dem in der Regel westlichen Eingangsbereich häufig eine Empore mit Orgel. Diese West- oder Orgelempore bietet auch Platz für den Kirchenchor. Der Kirchenmusik diente auch die Sängertribühne (ital. *cantoria*).

Die Sakristei

Zum Raumprogramm einer Kirche gehört die Sakristei (lat. *sacer*, „heilig") als Nebenraum des Chors. Sie dient dem Aufenthalt und der Einkleidung der Geistlichen, deren Ornat und liturgische Gerätschaften hier aufbewahrt werden.

Die frühchristlichen Ursprünge der Sakristei sind die Pastophorien (griech. *pastor*, „Hirte") zu beiden Seiten der Apsis. Das eine Pastophorium war als Prothesis der Vorbereitung des Messopfers (Eucharistie) auf dem Altar gewidmet, im gegenüberliegenden Diakonion (griech. *diakonos*, „Diener") hielten sich die Messdiener auf; auch wurden hier Gewänder und Gerätschaften aufbewahrt. Alle diese Funktionen verbinden sich seit dem Frühmittelalter in der Sakristei; bereits der „Klosterplan von St. Gallen" (um 820) sieht sie auf dem Grundriss der Klosterkirche vor.

Die Ausstattung

Die Altäre

Das sakrale Herzstück jeder Kirche ist der Altar. Er ist nach den Worten des Paulus im 1. Brief an die Gemeinde in Korinth der „Tisch des Herrn" (1 Kor 10,21). In diesem Zusammenhang unterscheidet Paulus zwischen den seit Alters her mit Altären verbundenen Verzehr von Opferfleisch einerseits und dem

Empfang der von Jesus eingesetzten Sakramente Brot und Wein: „Jesus, der Herr, nahm in der Nacht, in der er ausgeliefert wurde, Brot, sprach das Dankgebet, brach das Brot und sagte: Das ist mein Leib für euch. Tut dies zu meinem Gedächtnis! Ebenso nahm er nach dem Mahl den Kelch und sprach: Dieser Kelch ist der Neue Bund in meinem Blut. Tut dies, sooft ihr daraus trinkt, zu meinem Gedächtnis! Denn sooft ihr von diesem Brot esst und aus dem Kelch trinkt, verkündet ihr den Tod des Herrn, bis er kommt. Wer also unwürdig von dem Brot isst und aus dem Kelch des Herrn trinkt, macht sich schuldig am Leib und am Blut des Herrn" (1 Kor 11,23–27). Unwürdig ist, wer das sakrale Mahl als Sättigungsmahl missbraucht. Dieses Übel, bei dem auch die Gütergemeinschaft aufgehoben ist, verurteilt Paulus im Kapitel „Die rechte Feier des Herrenmahls" (in der Lutherbibel „Vom Abendmahl des Herrn"): „Was ihr bei euren Zusammenkünften tut, ist keine Feier des Herrenmahls mehr; denn jeder verzehrt sogleich seine eigenen Speisen, und dann hungert der eine, während der andere schon betrunken ist. Könnt ihr denn nicht zu Hause essen und trinken? Oder verachtet ihr die Kirche Gottes? Wollt ihr jene demütigen, die nichts haben?" (1 Kor 11,20–22).

Dadurch verliert das gemeinsame Mahl seine Bedeutung als Bestätigung des Neuen Bundes im Zeichen des Kelchs. Er „ist der Neue Bund in meinem Blut" (1 Kor 11,25). Dies greifen die Einsetzungsworte von Brot und Wein in den Evangelien auf, etwa bei Matthäus: „Dann nahm er [Jesus] den Kelch, sprach das Dankgebet und reichte ihn den Jüngern mit den

Worten: Trinkt alle daraus; das ist mein Blut, das Blut des Bundes, das für viele vergossen wird zur Vergebung der Sünden" (Mt 26,27–28; bei Lukas wie bei Paulus: „Dieser Kelch ist der Neue Bund in meinem Blut, das für euch vergossen wird"; Lk 22,20).

Das fortwährende Zeichen dieses Neuen Bundes ist der Kelch auf dem „Tisch des Herrn". Doch auch den Alten Bund symbolisiert ein Altar. Dies ist zunächst der Brandopferaltar, den das Blut der Opfertiere bedeckt. Ihn errichtet Noah nach der Sintflut. Und er „nahm von allen reinen Tieren und von allen reinen Vögeln und brachte auf dem Altar Brandopfer dar. Der Herr roch den beruhigenden Duft und der Herr sprach bei sich: Ich will die Erde wegen des Menschen nicht noch einmal verfluchen; denn das Trachten des Menschen ist böse von Jugend an. Ich will künftig nicht mehr alles Lebendige vernichten, wie ich es getan habe" (Gen 8,20–21).

Diesen Bund Gottes mit allen Lebewesen im Buch Genesis folgt im Buch Exodus der am Sinai geschlossene Bund mit dem aus der Sklaverei in Ägypten unter der Führung des Mose befreiten Volk Israel. Zu diesem Bund gehören sowohl die Zehn Gebote als auch die Altargesetze in den fünf ersten Kapiteln des Buchs Levitikus: die Gesetze über das Brandopfer, das Speiseopfer, das Heilsopfer und die verschiedenen Sündopfer.

Wenn im Neuen Testament von Altären die Rede ist, stehen sie entweder im Zusammenhang mit den Opfern im Tempel von Jerusalem (als dem Priester Zacharias durch einen Engel die Geburt eines Soh-

Altar (1971) von Blasius Gerg im Hohen Dom zu Augsburg: *Durch die Staffelung des Volumens nach innen spiegelt sich im Volksaltar die Summe des Raumes. Im Hintergrund als moderner Hochaltar die Bronzegruppe J. Henselmanns: Christus am Kreuz umgeben von den 12 Aposteln (1962), erweitert um David, Eze-chiel, Jesaja, Esther, Daniel und Johannes d. T. sowie durch einen Thron für das Evangeliar mit Mose und Abraham (1985).*

nes verkündet wird, ist er im Begriff, „im Tempel des Herrn das Rauchopfer darzubringen", und der Engel steht „auf der rechten Seite des Rauchopferaltars", Lk 1,9–11) oder des heidnischen Götterkults. Paulus nimmt in Athen Altäre zum Anlass, über Gott als Schöpfer und Richter zu predigen; ihm haben die Athener, ohne ihn zu kennen, einen Altar mit der Aufschrift „Einem unbekannten Gott" geweiht (Areopag-Rede, Apg 17,22–34).

Vor diesem Hintergrund hat sich der christliche Altar entwickelt. Seine Grundform besteht aus der Tischplatte Mensa, auf der die Altargeräte (siehe Glossar) Kelch und Patene für das geweihte Brot aufgestellt werden. Die Mensa ruht auf dem als Stipes bezeichneten Träger. Dieser Tisch-Altar steht in der frühchristlichen Basilika vor der Apsis und rückt im frühen Mittelalter in die Apsis.

Aus dem Tisch-Altar entstand durch die Verkleidung der Träger der Block- bzw. Kasten-Altar. Er war geeignet, liturgisches Gerät und Reliquien aufzubewahren. Zu den biblischen Quellen gehört in der Offenbarung des Johannes die Vision: „Als das Lamm das fünfte Siegel [des Buchs mit sieben Siegeln] öffnete, sah ich unter dem Altar die Seelen aller, die hingeschlachtet worden waren wegen des Wortes Gottes und wegen des Zeugnisses, das sie abgelegt hatten" (Offb 6,9). In diesem Sinne konnten Altäre über den Gräbern von Märtyrern und weiteren Heiligen errichtet werden, beispielsweise über dem Grab des hl. Ambrosius (gest. 394) in Sant' Ambrogio in Mailand. Dieser Goldaltar (Paliotto) entstand um 840 als Stiftung des Mailänder Erzbischofs

Angilbert II. Die Rückseite gibt den Blick auf das Grab des Heiligen frei. Die Seitenwände und die Vorderseite tragen Treibarbeiten in Gold und Silber eines inschriftlich bezeugten Goldschmieds namens Wolwinus. Die Vorder- bzw. Schauseite mit der Gestalt Christi in der Mandorla im Mittelpunkt eines Kreuzes, dessen Arme die vier Evangelistensymbole Engel (Matthäus), geflügelter Löwe (Markus), geflügelter Stier (Lukas) und Adler (Johannes) zeigen, bildet einen Höhepunkt in der Gestaltung von Altar-Antependien. Ihre Bezeichnung gibt zu erkennen, dass sie ursprünglich Werke der Textilkunst sind, denn sie leitet sich von lat. *ante pendere* („vorn herabhängen") her. Nach und nach wurden diese gewebten und mit Stickerei versehenen Vorhänge durch Vorsätze aus Holz (bemalt oder mit Reliefs) oder Metall (mit Treibarbeiten) ersetzt.

Diese Vorsätze sind Ausgangspunkte der ab dem 11. Jahrhundert geschaffenen Altar-Retabeln: Aus dem Vorsatz wird der besser sichtbare rückwärtige Aufsatz (lat. *retro* „rückwärts" und *tabula* „Brett, Gemäldetafel"). Damit war das für Jahrhunderte gültige Modell des aus einem tischartigen Block und dem Retabel bestehenden Altars entwickelt, wobei der Begriff „Altar" entweder die Gesamtheit aus Tisch und Aufsatz oder nur das Altarretabel bezeichnet.

Allerdings blieb die Entwicklung nicht bei dieser Zweiteilung stehen. Vielmehr vereint der Altar des Hoch- und Spätmittelalters auf vielfältige Weise Malerei und Bildhauerei bzw. Schnitzkunst.

Den Mittelteil des Retabels, das einen eigenen Aufbau hinter dem Altar-Tisch entwickelt, bildet der Schrein als ein vorn offenes Gehäuse mit einer Gruppe geschnitzter, farbig gefasster und vergoldeter Figuren. Vorrang hat die Darstellung Jesu am Kreuz zwischen Maria und dem Jünger Johannes: „Als Jesus seine Mutter sah und bei ihr den Jünger, den er liebte, sagte er zu seiner Mutter: Frau, siehe, dein Sohn! Dann sagte er zu dem Jünger: Siehe, deine Mutter! Und von jener Stunde an nahm sie der Jünger zu sich" (Joh 19,26–27).

Scharniere verbinden den Schrein beidseitig mit Flügeln. Aufgeklappt zeigen die bemalten oder mit Reliefs versehenen Innenseiten der Flügel Szenen beispielsweise aus der Leidensgeschichte Jesu. Die Flügel könne aber auch dazu dienen, den Schrein zu verschließen. Die nun sichtbaren Außenseiten der Flügel sind bemalt, in der Regel mit der Darstellung von Themen, die denjenigen der Innenseiten und erst recht des Schreins untergeordnet sind.

Der Schrein des gotischen Flügelaltars besitzt einen kastenförmigen Unterbau mit bemalter, reliefierter Vorderseite. Diese Altarstaffel bzw. Predella kann Reliquien enthalten.

Durch die Verdopplung der Flügel zu zwei Flügelpaaren entsteht aus dem Flügelaltar mit entweder geschlossenen oder geöffneten Flügeln der Wandelaltar. Er besitzt statt der zwei Schauseiten des gewöhnlichen, bei geöffneten Flügeln als Triptychon komponierten Flügelaltars, drei Schauseiten. Ein Beispiel ist der Isenheimer Altar mit den von Matthias Grünewald geschaffenen Gemälden der Innen- und Außenseiten der beiden Flügelpaare. Der Altar mit den

Der Heilig-Blut-Altar (benannt nach einer Reliquie) in der Heilig-Blut-Kapelle von St. Jakob in Rothenburg ob der Tauber. Es ist das Werk eines Rothenburger Schreiners und Tilman Riemenschneiders, der seine Figuren 1505 vollendet hat. Der Schrein zeigt das Abschiedsmahl nach Joh 13,21–30 mit der Entlarvung des Verräters Judas (mit Geldbeutel), dem Jesus einen Bissen reicht.

Figuren des hl. Antonius zwischen den hl. Kirchen-
vätern Augustinus und Hieronymus von Nikolaus
Hagenauer im Schrein entstand um 1512–16 für die
Kirche des Kloster der Antoniter in Isenheim und be-
findet sich heute in Colmar im Unterlinden-Museum.
Seine Wandlungen:

Geschlossener Zustand (sog. Werktagsseite) mit
der Kreuzigung auf den Außenseiten der Außenflügel, der Grablegung auf der Predella und den Heiligen
Sebastian und Antonius auf den einseitig bemalten
Standflügeln.

Erste Öffnung mit den Innenseiten der Außenflügel
und den Außenseite der Innenflügel: Verkündigung
an Maria, Engelkonzert mit Maria im Tempel, Maria
mit dem Jesuskind und Auferstehung. Die Predella
zeigt weiterhin die Grablegung.

Zweite Öffnung mit den Innenseiten der Innenflügel: Die Eremiten Antonius und Paulus sowie die
Versuchung des Antonius. In der geöffneten Predella reihen sich die Büsten Jesu und der zwölf Apostel
(Abb. S. 69).

Wie alle spätgotischen Altäre bekrönte auch den Isenheimer Altar ein Gesprenge als turmartiges Schnitzwerk mit Ranken („Gesprenge" leitet sich von *sprengen*
her, in der Bedeutung „was von der geraden Linie ab-
weicht").

Bereits um 1500 setzten grundlegende Veränderungen ein. Sie betrafen zunächst die Stabilisierung
der Flügel, insbesondere bei Schnitzaltären wie dem
1523–26 geschaffenen monumentalen Altar des Meisters „H.L." im Chor des Münsters von Breisach im

Breisgau. Zwar ist der Schrein mit der Krönung Marias durch Scharniere mit zwei Flügeln verbunden; sie zeigen die Heiligen Stephanus und Laurentius sowie die Stadtpatrone Gervasius und Protasius, deren Reliquien 1162 von Mailand nach Breisach überführt wurden, doch sind die Flügel an der Wand verankert. Vergleichbar ist der 1514–21 von Hans Brüggemann geschaffene Bordesholmer Altar, ursprünglich in der Kirche des 1566 säkularisierten Klosters Bordesholm und seitdem im Dom von Schleswig. Das Bildprogramm des Mittelteils führt von der figurenreichen Szene der Kreuztragung Jesu aufwärts zur ähnlich kleinteilig geschnitzten Kreuzigung mit dem Kruzifix zwischen den beiden hingerichteten Schächern. Darüber zeigt sich Maria, die Gottesmutter und Himmelskönigin. Neben ihr rahmt das seitliche Gesprenge Adam und Eva. Das im Aufbau monumentale Schnitzwerk gipfelt in der Gestalt Christi als Weltenrichter.

Die vertikale Gliederung des Bordesholmer Altars kennzeichnet auch das Hauptwerk des neben Wolfgang Pacher, Tilman Riemenschneider und Veit Stoß herausragenden Bildschnitzers Jörg Zürn. Es ist der 1616 geweihte Altar des Münsters von Überlingen am Bodensee. Der Aufbau beginnt im Predella-Geschoss mit der Verkündigung an Maria. Im zweiten Geschoss ist die Anbetung des Jesuskindes durch Maria, Josef und die Hirten angesiedelt. Darüber folgen die Marienkrönung und zuoberst die Kreuzigungsgruppe.

Mit einer Höhe von 10 Metern teilt der Überlinger Altar mit den spätgotischen Flügelaltären zwar das

Streben in die Höhe bis zum Gewölbe. Dagegen kündigen sich bereits Gestaltungsformen des Barock an: Der Altar wird zur Bühne des göttlichen Geschehens, an der Heilige der Kirchengeschichte als Zeugen teilnehmen. In Überlingen sind es als Schutzheilige der Stadt und Kirchenpatrone Sankt Nikolaus und Sankt Silvester sowie die „Pestheiligen" Sebastian und Rochus. Als rundplastische Figuren ersetzen sie die Flügel und gewinnen den Charakter von Akteuren im sakralen *theatrum mundi*.

Eine ebenfalls um 1500 einsetzende Wandlung betrifft die ausschließlich als Werke der Tafelmalerei auf Holz oder Leinwand geschaffenen Retabeln. Beispielhaft ist die Entwicklung im Werk Albrecht Dürers. Um 1502–04 entstand sein nach der Familie des Stifters benannter Paumgartner-Altar (Alte Pinakothek, München). Die Mitteltafel des Triptychons schildert die Geburt Jesu und im Hintergrund die Verkündigung an die Hirten; auf den Innenseiten der Flügel präsentieren sich die Brüder Stephan und Lukas Paumgartner als hl. Georg und als hl. Eustachius.

Rund ein Jahrzehnt später entstand das Allerheiligenbild, nach dem Stifter als Landauer-Altar bezeichnet. Dieses Werk repräsentiert den Typus des Eintafel-Altars, der nach und nach als aufwendig gerahmtes Gemälde den Flügelaltar bzw. das Triptychon ersetzt. Der von Dürer entworfene, von einem halbrunden Tympanon bekrönte Rahmen des Landauer-Altars befindet sich mit einer Kopie des Allerheiligenbildes im Germanischen Nationalmuseum in Nürnberg. Das Original des Gemäldes mit

Die letzte Wandlung des Isenheimer Altars (Rekonstruktion des Flügelaltars insgesamt) mit Mensa (Altartisch und Gesprenge): Festtagseite (geöffnete Flügel, offener Schrein) mit der Skulptur des hl. Antonius und zwei Szenen der Antonius-Legende.

einer Kopie des Rahmens steht im Kunsthistorischen Museum in Wien.

Entstanden ist der Landauer-Altar für die Allerheiligen-Kapelle des von Matthäus Landauer gestifteten Zwölfbrüderhaus, einem Altersheim für zwölf unverschuldet in Not geratene Nürnberger Bürger.

Somit vertritt der Landauer-Altar sowohl den seinerzeit „modernen" Eintafel-Altar als auch die in Kapellen unabdingbaren Altäre. Dagegen ist der Paumgartner-Altar ein Beispiel für die in den Seiten- und Querschiffen oder in der überkuppelten Vierung aufgestellten und in der Regel den Heiligen geweihten Nebenaltäre. Ursprünglich befand sich der auch als Epitaph-Altar zum Gedenken an Verstorbene zu betrachtende Paumgartner-Altar an der Ostwand des südlichen Seitenschiffs von St. Katharina des Nürnberger Dominikanerinnen-Klosters.

Klosterkirchen enthalten eine weitere Abwandlung des zunächst in seiner Entwicklung betrachteten Hochaltars, an dem in der Messe das Dankopfer der Eucharistie zelebriert wird. Er wird auch als Herrenaltar bezeichnet. Von ihm unterscheidet sich in der Klosterkirche der Laienaltar als Blickpunkt des Gemeinderaums (Abb. S. 53).

Eine insbesondere in Italien verbreitete Form ist der von einem Baldachin überdachte Ziborium-Altar. Das großartigste Beispiel befindet sich im Kuppelraum der Peterskirche über dem Petrusgrab. Dieser *Baldacchino* mit vier gewundenen Säulen, die das von einem Kreuz auf einer Weltkugel bekrönte Dach tragen, ist das barocke Werk des Baumeisters und Bildhauers Giovanni Lorenzo Bernini.

Wenn heute der Hochaltar innerhalb des durch einige Stufen erhöhten Chors in Richtung des Gemeinderaums rückt und sich dabei von dem Retabel löst, so hat dies insbesondere liturgische Gründe. Wandte der Priester bei der Wandlung von Brot und Wein mit Blick auf das Retabel der Gemeinde den Rücken zu, so kann er sich nun hinter dem ringsum zugänglichen Altar auch bei der „Erhebung" (Konsekration) der Sakramente der Gemeinde zuwenden.

Das Sakramentshaus

In gotischen Kirchen überrascht in der Nähe des Hochaltars, in der Regel auf seiner linken (nördlichen) Seite ein steinernes, mehrgeschossiges Gehäuse mit einer schlanken, aus Maßwerk gebildeten Turmhaube. Dieses Sakramentshaus erreicht in der Marienkirche in Lübeck eine Höhe von 9,5 m, und 28 m hoch ist die Spitze des Sakramentshauses im Ulmer Münster. Das 19 m hohe Sakramentshaus im Chor von St. Lorenz in Nürnberg, eine Stiftung des Patriziers Hans Imhoff, ist ein Werk von Adam Krafft; es ruht, so scheint es, auf den Schultern des in seiner Arbeitskleidung und mit seinen Werkzeugen dargestellten Bildhauers.

Sakramentshäuser enthielten ein Gefäß mit den geweihten Hostien, die bei der Feier der Eucharistie den Mitgliedern der Gemeinde gereicht werden. Vorgänger waren Sakramentsnischen, im Einzelfall auch

Behälter in Gestalt einer Taube als Symbol des Heiligen Geistes. Diese Eucharistischen Tauben oder Hostientauben hingen über dem Altar. Dies galt ab dem 17. Jahrhundert auch für den Tabernakel, der auf Beschluss des Konzils von Trient (1547–63) als Hostienbehälter diente, das Sakramentshaus ablöste und heute in kath. Kirchen an der Wand neben dem Altar befestigt ist. Ziborium, eigentlich die Bezeichnung für den überdachten Altar, bezeichnet auch das Gefäß für geweihte Hostien (lat. *cibus,* „Speise"; vgl. Glossar).

Der Taufstein

Baptizein (griech. „taufen") hat die Grundbedeutung „eintauchen, untertauchen, abwaschen". In diesem doppelten Sinne bezeichnet es in der griechischen Übersetzung des Alten Testaments das Reinigungsbad im Jordan, durch das der Aramäer Naaman vom Aussatz geheilt wird. Er ging „zum Jordan hinab und tauchte siebenmal unter, wie ihm der Gottesmann [Elischa] befohlen hatte. Da wurde sein Leib gesund wie der Leib eines Kindes und er war rein" (2 Kön 5,14).

Im Neuen Testament ist beim Auftreten des Bußpredigers Johannes, der Jesus vorangeht (die Evangelien berufen sich auf die messianische Weissagung des Jesaja: „Ich sende meinen Boten vor dir her; er soll den Weg für dich bahnen"; Mk 1,2) die Taufe im Jordan das Reinigungsbad als Ausdruck der Befreiung von Sünden durch Buße: „Ganz Judäa und alle Einwohner Jerusalems zogen zu ihm hinaus; sie bekannten ihre Sünden und ließen sich im Jordan von ihm taufen" (Mk 1,5).

Von der Taufe Jesu als Zeichen seiner Erwählung als „Lamm Gottes, das die Sünde der Welt hinwegnimmt" (Joh 1,29) spannt sich der Bogen bis zum Taufbefehl des auferstandenen Christus an die Jünger als Apostel: „Darum geht zu allen Völkern und macht alle Menschen zu meinen Jüngern; tauft sie auf den Namen des Vaters und des Sohnes und des Heiligen Geistes, und lehrt sie, alles zu befolgen, was ich euch geboten habe" (Mt 28,19–20).

Die Taufszenen in der Apostelgeschichte, z.B. die Taufe des Äthiopiers durch den Diakon Philippus (Apg 8,38) und die Taufe des Saulus/Paulus in Damaskus durch den Jünger Hananias (Apg 9,18), geben keine Auskunft über den Taufritus und lassen darauf schließen, dass es sich grundsätzlich um eine Erwachsenentaufe als Ausdruck der Bekehrung handelte. Über verschiedene frühchristliche Taufriten unterrichtet die in der zweiten Hälfte des 2. Jahrhunderts entstandene griechische „Lehre der zwölf Apostel"; ihre Bezeichnung als „Didaché" verwendet das Wort, mit dem die Schrift beginnt. Über die Taufe bei der Aufnahme in die Gemeinde heißt es: „Nachdem ihr den Weg zum Leben und zum Tod dargestellt habt, taufet auf den Namen des Vaters und des Sohnes und des Heiligen Geistes in fließendem Wasser [eines Flusses]. Hast du aber kein fließendes Wasser, so taufe in anderem Wasser [in einem Becken]. Kannst du es nicht in kaltem, so in warmem. Hast du beides nicht, gieße dreimal Wasser auf den Namen des Vaters und des Sohnes und des Heiligen Geistes." Der Hinweis auf das warme Wasser könnte sich auf die nirgends ausdrücklich ausgeschlossene Kindertaufe beziehen, und das Begießen setzt den Gebrauch einer Taufschale voraus.

Den Vorrang des Taufbads bezeugen die Becken ab dem 4. Jahrhundert. Die meist Johannes dem Täufer geweihten Baptisterien („Taufkirchen") entstanden an oder in der Nähe von Bischofskirchen. Die Baptisterien in Florenz, Pisa und Ravenna gehören in Gestalt und Ausstattung zu den herausragenden Kunstdenkmalen des Frühmittelalters und der Romanik.

Spätestens um die Jahrtausendwende löste das Begießen der nun zunehmend als Kind oder Säugling zu Taufenden das Taufbad im Becken einer Taufkirche ab und es entstand das bedeckte Taufbecken aus Metall. Ein Beispiel aus der Zeit um 1200 ist das in Bronze gegossene Taufbecken im Dom von Hildesheim. Vier kniende Personifikationen der Flüsse Pischon, Gibon, Tigris und Eufrat, in die sich ein im Garten Eden entspringender Strom teilt (Gen 2,10–14).

Etwas älter ist das bronzene Taufbecken des Reiner von Huy in Saint-Bartelémy in Lüttich. Zum Reliefschmuck der Außenwand gehört die Taufe Jesu mit der Herabkunft des Geistes Gottes „wie eine Taube". Als Sockel dient ein zylindrischer Stein, aus dem zwölf Vorderteile (Protomen) von Stieren ragen, je drei in eine der vier Himmelsrichtungen. Sie sind den Trägerfiguren des „Ehernen Meers" im Vorhof des salomonischen Tempels nachgebildet, dessen Becken den Priestern zur Reinigung diente.

Ein Beispiel für die im Grunde irreführende Bezeichnung des Tauf-Beckens als Tauf-Stein ist die aus

Sandstein gemeißelte und mit sieben christologischen Szenen versehene Umhüllung des Beckens in der ehemaligen Stiftskirche von Warendorf-Freckenhort bei Münster in Westfalen. Aus Marmor besteht die Umhüllung des Taufbeckens in der Kirche San Frediano im toskanischen Lucca. Hier ist die Darstellung des Durchzugs der Israeliten durch das Rote Meer aus typologischer Sicht eine Verheißung der Bewahrung vor allen Feinden durch das Sakrament der Taufe.

Als erstes der Sieben Sakramente erscheint die Taufe auf den Reliefs rings um das Becken des als Taufwerk bezeichneten, 1481 datierten Taufsteins in der Katharinenkapelle des Wiener Stephansdoms. Zum Reliefschmuck gehören außerdem Jesus mit den zwölf Aposteln und die vier Evangelisten. Der geschnitzte, als gotischer Turmhelm gestaltete Deckel zeigt an der Spitze die Taufe Jesu.

Für die Aufstellung des Taufsteins besteht keine feste Regel. Befindet er sich in der Nähe des Eingangs, so symbolisiert diese Position die Taufe als Aufnahme des Täuflings in die Gemeinde. Sie wird durch die Kommunion bzw. Konfirmation bestätigt.

Eine Besonderheit des griechisch-orthodoxen, durch einen Exorzismus vorbereiteten Taufritus ist das Bad des Täuflings in einer Taufwanne. Danach wird er neu eingekleidet.

Die Kanzel

Seit jeher ist die Kirche, in der sich die Gemeinde zu Andacht, Gebet und Lobgesang versammelt, ein Ort der Verkündigung. Ihr Symbol ist die Kanzel. Ihre Bezeichnung leitet sich von lat. *cancelli* („Schranken") her. Dies erinnert an den Ursprung der Kanzel im Ambo. Er wurde in der frühchristlichen Basilika vor oder in Verbindung mit der Chorschranke als eine durch mehrere Stufen erhöhte Standfläche errichtet. Sie diente der Schriftlesung und seit dem 4. Jahrhundert auch der Predigt. Gemeinsam ist den in vielfältiger Weise gestalteten Ambonen die Erhöhung. In diesem Sinne leitet sich ihre Bezeichnung vom griech. Wort für „hinaufsteigen" her. Ein zu Beginn des 11. Jahrhunderts entstandener Ambo mit kostbar gestalteter konvexer Brüstung befindet sich im Dom von Aachen.

Indem ein Lettner die Chorschranken ersetzte, konnte er als „Lesetribühne" dienen und mit Lesepulten ausgestattet werden. Ein solches Pult mit einer Höhe von 120 cm ist das „Freudenstädter Pult" aus dem 12. Jahrhundert. Vermutlich stammt es aus dem Kloster Alpirsbach und gelangte in die Stadtkirche von Freudenstadt im Schwarzwald. Die aus Holz geschnitzten und bemalten („gefassten") Figuren tragen auf ihren Schultern die schräg angebrachte, von den vier Evangelistensymbolen Engel, Löwe, Stier und Adler ihrerseits gestützten Pultauflage. Indem sich die Figuren der Evangelisten und ihrer Symbole in die vier Himmelsrichtungen wenden, verkörpern sie den Auftrag der Verkündigung des Evangeliums als Frohe Botschaft (griech. *eu angelion*) „in alle Welt".

Die Entwicklung zur Kanzel im heutigen Verständnis ist eng verbunden mit der liturgischen Bewertung des Wortgottesdienstes im Verhältnis zu den formalisierten Riten. Den Rang der Predigt im 13. Jahrhundert bezeugt die auf Säulen frei im Raum stehenden Kanzeln aus Marmor mit Reliefs an der Brüstung von Niccolo Pisano (im Baptisterium im Dombezirk von Pisa, datiert 1260) und von Giovanni Pisano; 1301 vollendete er die Kanzel in Sant' Andrea zu Pistola; 1302–12 folgte seine Kanzel im Dom von Pisa, u. a. mit einer Aktfigur des Herkules als Personifikation der Kardinaltugend der *Fortitudo* (Tapferkeit). Es ist die Zeit der Ausbreitung der kirchlich anerkannten Predigtorden der Dominikaner und Franziskaner. Ab dem 14. Jahrhundert entwickelte sich eine Grundform der an einem Pfeiler der Vierung oder des Mittelschiffs angebauten Kanzel. Sie gliedert sich in Kanzelfuß, Kanzelkorb und Schalldeckel. Eine Treppe umrundet den Pfeiler und führt zum Korb. Dessen Brüstung schmücken mit Vorliebe Büsten der vier lateinischen Kirchenväter Ambrosius, Hieronymus, Augustinus und Gregor d. Gr. Dies gilt für Anton Pilgrams Kanzel (1513–15) an einem Pfeiler des Wiener Stephansdoms und die etwas ältere, frei im Raum stehende und nach ihrem tulpenförmigen Korb benannte Kanzel von Hans Witten im Dom von Freiberg in Sachsen. Diese „Tulpenkanzel" symbolisiert die Kirche als Blume im Garten Gottes. Sie diente als Sonntagskanzel im Unterschied zur „Bergmannskanzel" von 1638; die Figuren von zwei Bergleuten stützen diese Werktagskanzel.

Ein Werk des Frühbarock ist Michael Kerns Kanzel der Michaelskirche in Forchtenberg. Den Kanzelkorb aus Sandstein umgeben vier Alabasterreliefs mit den nimbierten Gestalten der Evangelisten und ihrer Symbole. Mittelbar ist auch Paulus vertreten, denn auf seinen 1. Brief an die Gemeinde in Korinth mit der Gegenüberstellung des Lebens der Christen im „Jetzt" und im „Dann" gründet sich die Darstellung von drei weiblichen Personifikationen der „göttlichen", seit dem 13. Jahrhundert als „theologisch" bezeichneten Tugenden: „Jetzt erkenne ich unvollkommen, dann aber werde ich durch und durch erkennen, so wie ich auch durch und durch erkannt worden bin. Für jetzt bleiben Glaube, Hoffnung, Liebe, diese drei; doch am größten unter ihnen ist die Liebe" (1 Kor 13,12–13). Traditionsgemäß versieht Bildhauer Kern die Personifikation *Fides* (Glaube) mit einem Kelch, die *Caritas* (Liebe) mit zwei Kindern als Attributen und die *Spes* (Hoffnung) mit einem Anker im Sinne eines Verses im Brief an die Hebräer: „In ihr [der Hoffnung] haben wir einen sicheren und festen Anker der Seele, der hineinreicht in das Innere hinter dem Vorhang; dorthin ist Jesus für uns als unser Vorläufer hineingegangen, er, der nach der Ordnung Melchisedeks Hoher Priester ist auf ewig" (Hebr 6,19–20). Eine vergrößerte Version der Kanzel in seiner Heimatstadt Forchtenberg schuf Kern für den Mainzer Dom.

Zu den Sonderformen im Barock, der die Schalldeckel mit Schwärmen von Putten überhöhte, gehört die Schiffskanzel. Sie erinnert an Jesu Predigten auf dem See Genesareth. Das wohl älteste Beispiel enthält die Klosterkirche von Irsee in Schwaben aus dem Jahr 1725. Kanzeln in Form eines Schiffsbugs mit

Die spätgotische Kanzel der *ev. Stiftskirche Hl. Kreuz in Stuttgart*, um 1500. Zunächst farbig gefasst, wurde sie im 19. Jahrhundert vergoldet und trägt seither den Namen „Goldene Kanzel". Die Reliefs am Kanzelkorb zeigten ursprünglich die vier hl. Kirchenväter Hieronymus, Gregor, Augustinus und Ambrosius. Später wurden deren Kopfbedeckungen in Frisuren – und die Kirchenväter auf diese Weise zu den vier Evangelisten umgearbeitet.

hoch aufgerichtetem Takelwerk breiteten sich bis Polen aus.

Besonders erzählfreudige Kanzeln entstanden ebenfalls im 18. Jahrhundert vor allem in den katholischen südlichen Niederlanden, z. B. in Saint-Gudule in Brüssel. Am Kanzelfuß ist die Vertreibung aus dem Paradies, am Kanzelkorb und Schalldeckel Maria als Überwinderin des Todes dargestellt. Es handelt sich um ein frühes und zugleich das wichtigste Beispiel der „Naturkanzeln". Sie zeigen statt allegorischer Figuren biblische Szenen und solche aus dem Leben der Heiligen unter starker Verwendung landschaftlicher Staffage in plastischer Gestaltung, vergleichbar den Gewohnheiten der Volkskunst (Krippen, Kalvarienberge).

In der Reformationszeit entstand die über dem Altar angebrachte Altarkanzel. Den Zugang bildet eine Treppe hinter der Altarwand, die zu einer Tür am Kanzelkorb führt. Dieser Verbindung von Altar und Kanzel kann bei kleinen Kirchen auch die Notwendigkeit zugrunde liegen, Platz zu sparen. In der Regel befindet sich jedoch auch bei Dorfkirchen die Kanzel auf der „Kanzelseite" rechts vom Altar, gegenüber dem Taufstein auf der linken „Taufsteinseite".

Eine nach außen drehbare Kanzel besitzt die Wallfahrtskirche Notre-Dame-du-Haut oberhalb von Ronchamp. Sie entstand 1952–55 nach Entwürfen von Le Corbusier.

In kath. Kirchen dient heute wieder ein erneut als Ambo bezeichnetes Pult den Schriftlesungen und der Predigt. Dies soll ausschließen, dass die Gemeinde von oben herab „abgekanzelt" wird.

Während Altar, Kanzel und Taufstein im Bereich des meist östlichen Chor aufgestellt sind, bildet die Orgel ihr westliches Komplement. Ihr Standort ist in der Regel die Orgelempore über dem Eingangsbereich, und ein Orgelspiel eröffnet den Gottesdienst. Darüber hinaus sind Kirchenmusik und Orgelmusik nahezu identische Begriffe, seit dem die Instrumente der Organisten im Spätmittelalter ein wesentlicher Bestandteil der Inneneinrichtung einer Kirche geworden sind.

Eine Orgel oder das Portativ als tragbares Tasteninstrument mit Orgelpfeifen ist das Attribut der hl. Cäcilie als Schutzpatronin der Kirchenmusik. Von ihr überliefert die *Legenda aurea* des Jacobus de Voragine, dass sie bei ihrer Hochzeit, „während die Orgeln erklangen, in ihrem Herzen allein dem Herrn sang [denn noch gehören laut Legende Orgeln zu profanen Festlichkeiten] und sprach: ‚Ach Herr, lass mein Herz und meinen Leib unbefleckt bleiben, damit ich nicht zu Schanden werde!'"

Musik als Ausdruck des Gotteslobs verkündet Psalm 150: „Lobt ihn mit dem Schall der Hörner, / lobt ihn mit Harfe und Zither! Lobt ihn mit Pauken und Tanz, / lobt ihn mit Flöten und Saitenspiel! Lobt ihn mit hellen Zimbeln, / lobt ihn mit klingenden Zimbeln! Alles, was atmet, / lobe den Herrn! Halleluja!" (Ps 150,3–6)

All diese Instrumente bzw. deren Töne umfassen die Register der Orgel, die sich zum Inbegriff der Polyphonie entwickelt hat. Und sie gehört zu „allem, was atmet". Ihr „Atem" ist die Luft, die in die Orgelpfeifen geblasen wird, die sie zum Klingen bringt. Hierauf beruht die Deutung der Orgel als Symbol des Heiligen Geistes, der beim ersten Pfingstwunder mit einem „Brausen, wie wenn ein heftiger Sturm daherfährt" das ganze Haus erfüllt (Apg 2,2). Zu solchem Brausen kann sich das Orgelspiel steigern und den Gottesdienst mit pfingstlichem Ergriffensein verbinden.

Der Beichtstuhl

Die Beichte als Schuldbekenntnis mit der Erwartung der Absolution gehört in der katholischen Konfession zur Buße als eines der Sieben Sakramente. Daher sind die als Beichtstühle bezeichneten schrankartigen Gehäuse ein unabdingbares Mobiliar einer kath. Kirche, zumal der „Kodex des kanonischen Rechts" (*Codex Iuris Canonici*, CIC) festlegt: „Der für die Entgegennahme sakramentaler Beichten eigene Ort ist eine Kirche oder eine Kapelle" Der CIC fährt fort: „Was den Beichtstuhl anbelangt, sind von der Bischofskonferenz Normen zu erlassen, dabei ist jedoch sicherzustellen, dass sich immer an offen zugänglichem Ort Beichtstühle befinden, die mit einem festen Gitter zwischen Pönitent und Beichtvater versehen sind, damit die Gläubigen, die dies wünschen, frei davon Gebrauch machen können. Außerhalb des Beichtstuhls dürfen Beichten nur aus gerechtem Grund entgegengenommen werden."

Diese Bestimmungen erfüllt der in zwei oder drei Innenräume unterteilte „Schrank" mit Vorhängen an den Türen. Der Teil des Priesters (Beichtvater) enthält einen der Tür zugewandten Sitz, der Teil des „Schuldigen" (Poenitent) eine Kniebank, ausgerichtet zu der vergitterten Öffnung in der Trennwand, durch die das Bekenntnis gesprochen wird. Daneben gibt es halb offene Beichtstühle und solche, bei denen der Beichtende vollständig sichtbar bleibt. Diese Formen sind näher an der historischen Anfängen: Die ursprüngliche Form des Beichtstuhls, an die seine Bezeichnung bis heute erinnert, ist die eines wirklichen Stuhls für den Beichtvater, neben dem der Beichtende kniet. Alle späteren Formen kommen dem Bedürfnis entgegen, das Beichtgeheimnis gegenüber Dritten zu wahren und einer allzu persönlichen Beziehung des Priesters zu seinem „Beichtkind", zumal wenn es eine Frau ist, vorzubeugen.

Ein streng zu befolgendes Gebot war und ist die Wahrung des Beichtgeheimnisses, das nicht einmal die Strafjustiz aufzuheben vermag. Seit dem Mittelalter symbolisieren Rosen im Schnitzwerk an Beichtstühlen die Geheimhaltung der Beichte *sub rosa* („im Zeichen der Rose"). Die Bedeutung der Rose als Symbol der Verschwiegenheit hat einen profanen antiken Ursprung: Bei Gelagen sollten Rosenkränze die Stirn kühlen und den Zecher daran hindern, im Rausch auszuplaudern, was nicht für andere bestimmt war.

In modernen kath. Kirchenbauten wird der Beichtstuhl oft durch ein Beichtzimmer ersetzt, in dem entweder kniend hinter einer gitterartigen Trennwand, oder auch sitzend im offenen Gespräch gebeichtet werden kann, wobei die Normen des Kirchenrechts beachtet werden müssen.

Auch in lutherischen Kirchen wurden bis ins 18. Jahrhundert Beichtstühle eingerichtet, von denen sich zahlreiche Exemplare erhalten haben. Sie fehlen jedoch in den Räumen der reformierten Konfessionen aufgrund der anderen Beurteilung der Einzelbeichte im Unterschied zur gemeinsamen Generalbeichte der Gemeinde beim Abendmahl.

Das Weihwasserbecken

Zur Ausstattung einer kath. Kirche gehört heute ein Behälter mit (z. B. in der Osternacht geweihtem Wasser). Dieses Weihwasserbecken befindet sich stets am Eingang: Wer das Gotteshaus betritt, benetzt im Weihwasser die Finger der rechten Hand und vollführt mit ihnen vor Stirn und Brust das Zeichen des Kreuzes. Dieser Ritus ist ein Symbol der Reinigung beim Eintritt in das Heiligtum und erinnert an die Taufe, wobei das Weihwasser an die Stelle des Taufwassers tritt.

Die Form des Gefäßes und seine Befestigung an der Wand oder an einem Pfeiler, mitunter auch auf einem Säulenstumpf oder sonstigem Unterbau sind bei aller künstlerischen Vielfalt dem rituellen Zweck untergeordnet. Eines der kostbarsten Werke aus dem frühen Mittelalter befindet sich im Aachener Domschatz. Es ist das 17,5 cm hohe „Weihwassergefäß Ottos III." aus Elfenbein mit den Figuren des Petrus, eines Papstes und eines Kaisers sowie fünf Kirchenfürsten. Sie sind Bewohner der heiligen Stadt, deren acht Tore am Sockel des oktogonalen Gefäßes acht Männer bewachen.

Die Kreuzwegstationen

Die Geschichte der Passion Jesu ist als Abfolge einzelner Ereignisse ein Thema der christlichen Kunst. Es fand einerseits die Gestaltung als Bildstöcke oder Kapellen entlang eines meist bergauf führenden Kreuzwegs zu einer Kirche, andererseits als oft zeichenhafte Tafelbilder an der Kirchenwand. Sie gehören als Zeichen zur Ausstattung jeder kath. Kirche. Diese 14 Kreuzwegstationen bilden folgenden Zyklus:

1. Jesus wird von Pontius Pilatus zum Tod verurteilt.
2. Jesus nimmt sein Kreuz auf sich (Joh 19,17).
3. Jesus bricht unter der Last des Kreuzes zusammen.
4. Jesus begegnet seiner Mutter (außerbiblisch).
5. Simon von Kyrene wird gezwungen, das Kreuz Jesu zu tragen (bei den Synoptikern Matthäus, Markus und Lukas).
6. Jesu Antlitz wird getrocknet (Legende der hl. Veronika, „Schweißtuch der Veronika").
7. Jesus bricht erneut zusammen.
8. Jesus trifft die Frauen aus Jerusalem (außerbiblisch).
9. Jesus bricht zum dritten Mal zusammen.
10. Jesus wird entkleidet.
11. Kreuzannagelung.
12. Jesus stirbt am Kreuz.
13. Kreuzabnahme.
14. Jesus wird im Felsengrab beigesetzt.

Die Verehrung der Kreuzwegstationen insbesondere in der Karwoche ersetzte ursprünglich wohl die Pilgerfahrt nach Jerusalem.

Das Heilige Grab

Das mitunter in Kirchen errichtete Monument ist nach einer mit dem Grab Jesu identifizierte Höhle am Ölberg vor den Toren Jerusalems benannt. Über ihr ließ Konstantin d. Gr. die Grabeskirche errichten (326–36; mehrmals erneuert, zuletzt im 19. Jahrhundert). Diese Basilika war mit einem Zentralbau verbunden, der in sakralen Rundbauten nachgebildet wurde. Das älteste Beispiel ist eine Rotunde als Kern der 820–22 errichteten Friedhofskapelle der Abtei Fulda (später erweitert zu St. Michael, Weihe 1092).

Nachbildungen wurden auch in Kirchen errichtet. Ein Beispiel ist das Heilige Grab als Mittelpunkt der Mauritiuskapelle des Konstanzer Münsters. Es stammt aus dem 13. Jahrhundert und ist ähnlich feingliedrig wie zeitgenössische Werke der Goldschmiedekunst. Das Untergeschoss zeigt Szenen aus der Kindheit Jesu, beginnend mit der Verkündigung an Maria. Über dem durchfensterten Obergeschoss alternieren Wimperge mit den zwölf Aposteln. Im Inneren umgeben gewappnete Wächter, die drei Marien und ein Apotheker als Lieferant ihrer Spezereien das eigentliche Heilige Grab Jesu. Im 17. Jahrhundert wurde auf der Spitze der Prophet Jesaja ergänzt. Er galt als „Evangelist des Alten Testaments".

Im Auftrag von Fürst Ernst von Schaumburg entstand 1609–25 im westlich von Hannover gelegenen Stadthagen ein Mausoleum der Familie. Der Kuppelbau über einem siebeneckigem Grundriss befindet sich an der Ostseite der ev. Stadtkirche St. Martini. Als Mittelpunkt im Innern erhebt sich eine barocke Version des Heiligen Grabes mit Bronzefiguren von Adriaen de Vries: Der auferstandene Christus mit vier kleinen Engeln zu seinen Füßen, darunter die Wächter rings um das einem Mausoleum nachgebildeten Grab Jesu.

Grabmäler

Bereits die Katakomben waren Grabstätten, und sie lassen sich als Ausgangspunkte der Kirche als Ort betrachten, an dem verehrungswürdige Persönlichkeiten beigesetzt wurden. Somit gehören Grabmäler zur Ausstattung von Kirchen, ohne in liturgischem Zusammenhang zu stehen. Einen Anspruch auf die Beisetzung in geweihter Erde im Innenraum einer Kirche besaßen Mitglieder des hohen Klerus sowie Stifter und Förderer der Kirche. Bevorzugt wurden die Krypta, in der Sarkophage aufgestellt wurden, und der Chor, schließlich auch die Seitenschiffe und hier angefügte Grabkapellen. Eines der frühesten Beispiele für eine Grabplatte mit der Darstellung des Verstorbenen enthält der Dom von Merseburg. Die kurz nach 1080 in Bronze gegossene Reliefplatte zeigt die lebensgroße Gestalt Rudolfs von Schwaben, der 1077 zum Gegenkönig Heinrichs IV. gewählt worden war.

Obwohl sein Tod als Gottesurteil gedeutet wurde, zeigt die Grabplatte das Idealbild eines Herrschers mit Lilienzepter und der Insignie des Reichsapfels mit Kreuz.

Die in den Fußboden eingelassenen Grabplatten wurden gleichsam in die Höhe gehoben, indem sie nun eine Tumba bedecken. Diese Tumben bedeckten kastenförmig das Grab und boten vielfältige Möglichkeiten der Ausgestaltung eines Grabmals.

Hierfür drei Beispiele: Im Mittelschiff des Braunschweiger Doms St. Blasius trägt eine Deckplatte die nahezu rundplastischen Liegefiguren Heinrichs des Löwen und seiner Gemahlin Mechthild. Der ehemalige Herzog, der 1181 seine Reichslehen verlor und 1195 beigesetzt wurde, hält als einzige Insignie in der Linken das Gerichtsschwert. Seine Rechte trägt ein Modell der von ihm gestifteten Stiftskirche, der seit 1543 evangelischen Domkirche St. Blasius (begonnen 1173). Dieses Modell, das die Grabfigur als Stifterfigur kennzeichnet, besitzt bereits gotische Fenster am Lichtgaden des basilikal überhöhten Mittelschiffs. Daraus folgt eine Datierung der erneuerten Tumba und der Skulpturen aus Kalkstein um 1235.

Ein zweites Beispiel mit Klagefiguren rings um die Tumba befindet sich in Dijon in der Chartreuse de Chapol. Es ist das Grabmal, das sich Herzog Philipp der Kühne ab 1384, also noch zu Lebzeiten, errichten ließ. Die Liegefigur mit weit geöffneten Augen richtet die über der Brust zum Gebet aneinander gelegten Hände aufwärts. Dieses Grabmal, das u. a. von Claus Sluter geschaffen wurde, vollendete des-

Wandnischengrab des auch im Staatsdienst tätigen Gelehrten Leonardo Bruni in Santa Croce in Florenz, um 1445. Auf einem Sarkophag steht eine von Adlern gestützte Bahre mit der Liegefigur des Verstorbenen. Im Bogenfeld erscheint die Madonna.

sen Neffe Claus Werve 1405, nach dem Philipp der Kühne im Jahr zuvor gestorben war.

Schließlich repräsentiert im Dom von Bamberg ein Werk Tilman Riemenschneiders den Typus des Grab-Denkmals. Es ist das 1499–1513 entstandene Grabmal des Kaisers Heinrich II. († 1024, heiliggesprochen 1146) und seiner Gemahlin Kunigunde († 1033, heiliggesprochen 1200). Beide gehören als Gründer des Bistums Bamberg und des Doms zu den Gewändefiguren der um 1235 datierten „Adamspforte" am Ostchor. Ihr Grabmal zeigt auf der Deckplatte der Tumba die gekrönten Liegefiguren. Die Reliefs der Seitenwände schildern Legenden, z. B. das Gottesgericht: Kunigunde, die des Ehebruchs beschuldigt wird, beweist ihre Unschuld, indem sie unverletzt über glühende Pflugscharen schreitet. Ein zweites Relief zeigt den hl. Benedikt, der Heinrich im Traum vom „Steinleiden" befreit, indem er ihm den Stein aus dem Leib schneidet. Auf dem Totenbett nimmt Heinrich von Kunigunde Abschied. Schließlich hält der Erzengel Michael die Seelenwaage, an deren einer Seite sich Teufel festkrallen, während auf der anderen Seite der hl. Laurentius einen Kelch, den Heinrich für dessen Altar in Eichstätt gestiftet hat, als Symbol der Verdienste des Kaisers auf die Schale stellt.

Zu einer nationalen sakralen Gedenkstätte mit Hauptwerken der Grabmalkunst entwickelte sich die Abteikirche Saint-Denis, geweiht dem Nationalheiligen Dionysius (um 600 als Bischof von Paris auf der Richtstätte Montmartre enthauptet). In deren

Chor wurden die französischen Könige bestattet bzw. Grabplatten aus anderen Kirchen zusammengetragen. Zu ihnen gehört die Grabplatte vom Grab Chlodwigs I. († 511) in der 510 gegründeten Kirche Sainte-Geneviève; sie stammt aus dem 13. Jahrhundert. Als letztes Grabmal in Saint-Denis entstand 1570–73 nach einem Entwurf von Primaticcio und mit Bronzefiguren von Germaine Pilon. Auftraggeberin dieses Monuments für Heinrich II. († 1559) und sich selbst war Katharina von Medici († 1589); ein von Säulen getragener Aufbau trägt das kniende königliche Paar, allerdings ohne die während der Revolution eingeschmolzenen Betstühle.

Den Typus des Wandnischengrabs repräsentiert das Grabmal des Papstes Julius II. in San Pietro in Vincoli in Rom. Als Michelangelo 1505 den Auftrag erhielt, war zunächst ein frei stehendes Monument mit etwa 40 lebensgroßen Figuren (u. a. Allegorien der Künste und Wissenschaften) geplant. Zwar ließ Julius II. den Plan wieder fallen, doch nach dessen Tod 1513 widmete sich Michelangelo erneut dieser Aufgabe und schuf um 1515 die Sitzfigur des Mose mit den Gesetzestafeln. Sie bildet das Zentrum des schließlich 1541 errichteten Grabmals. Zu beiden Seiten befinden sich die Frauen des Erzvaters Jakob als Personifikationen der *Vita activa* (Lea) und der *Vita contemplativa* (Rahel). Geplant war das Julius-Grab für Alt-St. Peter, doch musste diese Basilika ab 1506 der als Zentralbau begonnenen Peterskirche weichen. Dieser Neubau der Grabkirche des hl. Petrus erhielt Berninis prunkvolle Grabmäler der Päpste Urban VIII. († 1644) und

Alexander VII. († 1667), jeweils mit der triumphalen Figur des Verstorbenen.

Ebenfalls kennzeichnend für die barocke Kunst der theatralen Inszenierung ist das 1694 vollendete Grabmal des Kardinals Richelieu († 1642) von François Girardon in der Kirche der Sorbonne in Paris. Auf eigenen Wunsch ist die mit dem Oberkörper leicht aufgerichtete, von den Pietas gestützte Liegefigur im Gestus der „Herzaufopferung" an Gott dargestellt, indem sie ihre Rechte auf die linke Seite der Brust legt.

In Florenz hat sich die Kirche Santa Croce mit ihren Grabmälern zu einem Pantheon der italienischen Kultur entwickelt. Hier befinden sich auch denkmalhafte Kenotaphe („Leergräber"). Ein Beispiel aus dem 19. Jahrhundert ist das 1829 errichtete Monument zu Ehren des 1321 in Ravenna gestorbenen Dante Alighieri; er wurde hier in San Francesco beigesetzt (1780 wurde neben San Francesco ein Mausoleum errichtet, das seit 1865 Dantes Gebeine enthält). Das florentinische Leergrab zeigt zu Füßen der Sitzfigur des Dichters die Figuren der rühmenden Italia und der Poesie in der Tradition der Klagefrauen.

Eine ab dem 14. Jahrhundert an den Innen- oder Außenwänden von Kirchen angebrachte Abwandlung des Grabmals ist das Epitaph. Es erinnert in Bild und Text an einen Verstorbenen und seinen Eifer, das Heil der Seele zu erlangen.

Kurz gefasste
Kunstgeschichte des Kirchenbaus

Christliche Spätantike

Die Basilika

Obwohl *templum* für Jahrhunderte die lateinische Bezeichnung für den christlichen Sakralbau war, ist dieser kein Nachfolger des antiken Tempels. Denn dieser war als Heiligtum der Götter den Priestern vorbehalten sowie bestimmten Gruppen, etwa in Rom den jungfräulichen Vestalinnen, die im Tempel der Vesta das Staatsfeuer hüteten; verloren diese zu 30-jährigem Dienst verpflichteten *virgines sanctae* ihre Jungfräulichkeit, wurden sie bei lebendigem Leib eingemauert.

Als Kultstätten, in denen Bildwerke aus Holz, Marmor oder Metall die Götter vergegenwärtigten, ja sogar diese Götter waren, bildeten die Tempel Sakralbauten mit imposanter Außenwirkung. Bereits dies widersprach diametral der frühchristlichen Auffassung von Religion. Das Matthäus-Evangelium überliefert die Verheißung Jesu: „Alles, was zwei von euch auf Erden gemeinsam erbitten, werden sie von meinem himmlischen Vater erhalten. Denn wo zwei oder drei in meinem Namen versammelt sind, da bin ich mitten unter ihnen" (Mt 18,19–20).

Die Gemeinschaft im Namen Jesu war zunächst an keine sakrale Räumlichkeit gebunden. Dies änderte

sich im 4. Jahrhundert, ausgehend von der Anerken-
nung des Christentums im Römischen Reich durch
das Toleranzedikt von Mailand 311. Als Gesetzgeber
nennt das Edikt die Kaiser, die sich auf der Grundlage der Reichs- und Verwaltungsreform des Diokletian
die Herrschaft im Westen und im Osten teilen: Galerius, Konstantin, Licinius und Maximianus. Zu ihren
Beschlüssen gehört der Gnadenerlass neuer Anwei-
sungen an die Richter über ihr Verhalten gegenüber
den bisher strafwürdigen, unter Diokletian verfolgten
Christen. Diese sollen „zu ihrem Gott für unser Wohl-
ergehen, für das des Volkes und ihr eigenes flehen,
damit das Staatswesen in jeder Beziehung unversehrt
bleibe und sie sorgenlos in ihren Wohnungen leben
können" (Überlieferung durch Eusebius von Cäsarea).

Damit verbunden war auf Initiative Konstantins
d. Gr. nach seinem Sieg in der Schlacht an der Milvi-
schen Brücke vor den Toren Roms (28. Oktober 312)
über Maxentius, den in Rom residierenden Nachfolger des Galerius, der Beginn des Kirchenbaus: Als
Kirche des Bischofs von Rom stiftete Konstantin 313
San Giovanni in Laterano und 324 als Kirche über
dem Grab des hl. Petrus San Pietro (Alt-St. Peter).

Das Vorbild für diesen Beginn der christlichen
Sakralarchitektur war ein Typus des antiken Pro-
fanbaus: die Basilika. Dieser Hallenbau entstand
in Griechenland als „Königshalle" *(stoa basiliké)*
und diente in Rom für öffentliche Gerichte und als
Markthalle, bot also Raum für die Versammlung
zahlreicher Menschen. Darüber hinaus bot die basilikale Bauform die Gelegenheit, die versammelten

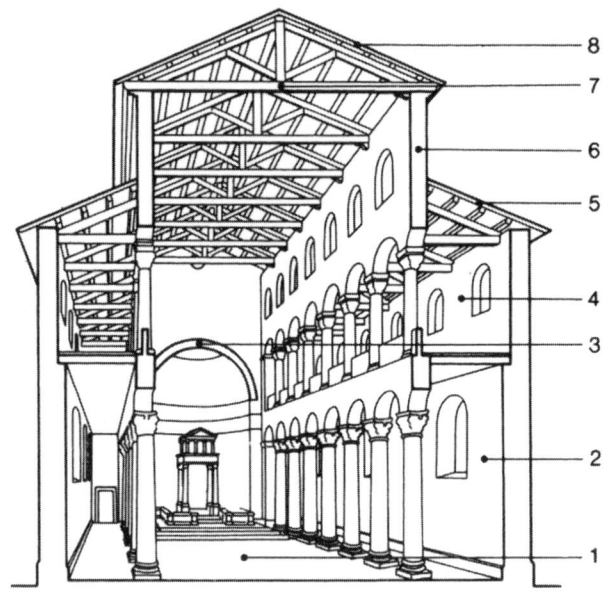

*Struktur der frühchristlichen Basilika: 1 überhöhtes Mittelschiff,
2 Seitenschiff, 3 Triumphbogen am Übergang zur Apsis, 4 Arkade
zwischen Mittel- und Seitenschiff , 5 Pultdach des Seitenschiffs,
6 Lichtgaden in der Hochwand des Mittelschiffs, 7 Offener Dachstuhl des Mittelschiffs, 8 Satteldach des Mittelschiffs*

Menschen auf ein gemeinsames Ziel der Aufmerk-
samkeit zu orientieren. Denn als Richtungsbau besaß die Basilika an der Schmalseite eine halbrunde
Exedra für den Thron des Richters. Dieses Merkmal
unterstützte die Gliederung des Langhauses in ein
breites Mittelschiff, das zu beiden Seiten schmale
Seitenschiffe begleiteten. Als Sakralbau gewann die

Basilika an jener Schmalseite die Gliederung in die Apsis für den Thron des Bischofs und den Altar.

Doch auch die Unterscheidung zwischen dem Mittelschiff und den Seitenschiffen gewann in zweierlei Hinsicht grundlegende Bedeutung. Zum einen unterstützten die fortlaufend gereihten Säulen der Arkaden zwischen den Schiffen (wobei waagerechte Architrave die Rundbögen ersetzen konnten) die Richtung nach vorn. Zum anderen empfing der im Dunkeln liegende Gemeinderaum sein Licht von oben, nämlich durch die Fenster des Mittelschiffs oberhalb der Seitenschiffe, die zunächst fensterlos blieben. Dieser Lichtgaden gewann die Symbolik einer spirituellen Erleuchtung aus der Höhe.

Einen Eindruck von der Atmosphäre der frühchristlichen Basilika lässt sich in Rom in Santa Sabina gewinnen. Die Kirche entstand um 430 anstelle eines Wohnhauses, in dem sich vermutlich bereits im 3. Jahrhundert eine Versammlungsstätte und insofern eine „Hauskirche" befunden hat. Das Mittelschiff misst in der Länge bis zum Scheitel der Apsis, die ein Triumphbogen rahmt, 54,5 m, in der Breite 13,5 m; die Gesamtbreite beträgt 24,8 m.

Die Rotunde

Außer dem im Verlauf der Jahrhunderte weiterentwickelten basilikalen Typus des Kirchenbaus besitzt auch der Zentralbau einen frühchristlichen Vorgänger. Es ist die über einem kreisrundem Grundriss errichtete Rotunde mit Umgang. In Rom ist dieser Ty-

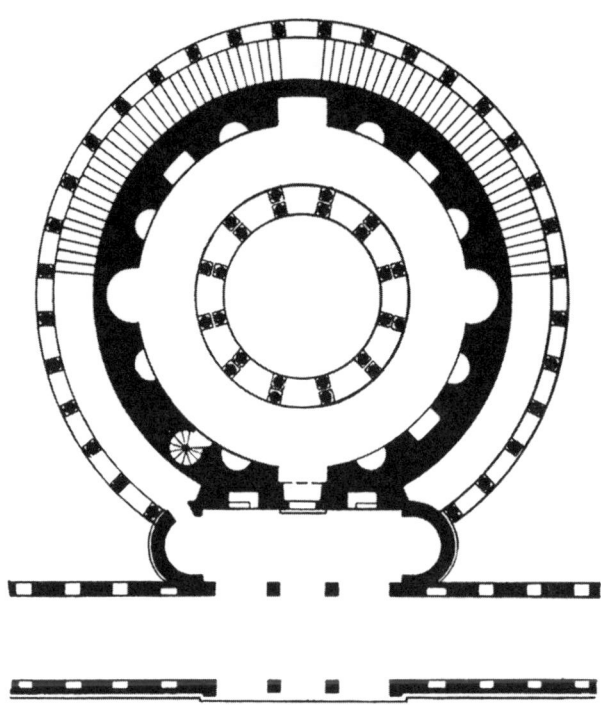

Grundriss von Santa Costanza in Rom. Diese Rotunde repräsentiert den neben der Basilika zweiten Haupttypus des frühchristlichen Sakralbaus: den Zentralbau. Der Grundriss verdeutlicht die ringförmige Raumhülle und die angedeutete Kreuzform. Nicht erhalten sind der äußere niedere Säulenumgang, die gewölbte Vorhalle und der Vorraum.

pus in Gestalt von Santa Costanza erhalten. Der wohl als Baptisterium geplante Bau diente als Mausoleum für Konstantins Tochter Constantina († 354). Hier ist die basilikale Überhöhung des Mittelschiffs auf einen Rundbau angewendet, wobei der niedere Umgang einem Seitenschiff entspricht. Dasselbe gilt für die um 470 in Rom erbaute Kirche San Stefano Rotondo.

Mosaike

Wie die Grundformen der Kirche als Bauwerk, so ist auch die Ausstattung mit Mosaiken in der christlichen Spätantike entstanden. Die Grundlage bildete die hoch entwickelte hellenistische Mosaikkunst, die nun geeignet war, den Wänden der christlichen Sakralbauten Glanz zu verleihen. Als Material dienten kleine Würfel aus Glasfluss mit eingeschmolzenen Metalloxiden, welche den als Schmalten bezeichneten Würfeln ihre jeweilige Farbe verleihen. Eine weitere Technik bestand darin, über die noch glühende Glasmasse Blattgold oder Blattsilber zu breiten und diese Folien mit einer dünnen Glasschicht zu bedecken. So entstanden gold- und silber glänzende Schmalten, die auf besondere Weise zur geheimnisvollen, durch Lichtreflexe belebten Wirkung der „musivischen" Wandgestaltung beitragen. Die gilt in gesteigerter Weise für die goldgrundigen Mosaiken.

Ein frühes Beispiel sind die Mosaiken am Tonnengewölbe des Umgangs in der Rotunde Santa Costanza in Rom. Diese Ringtonne ist von dicht belaubten Weinranken bedeckt, dem Symbol Christi und seiner Jünger bzw. der Gläubigen: „Ich bin der Weinstock, ihr seid die Reben. Wer in mir bleibt und in wem ich bleibe, der bringt reiche Frucht;

Mosaik an der Eingangswand des sog. Mausoleums der Galla Placidia in Ravenna (nach 425). Es zeigt Christus mit Kreuzstab als den Guten Hirten der Schafe. Er ist „gekommen, damit sie das Leben haben und es in Fülle haben" (Joh 10,10).

denn getrennt von mir könnt ihr nichts vollbringen" (Joh 15,6).

Gewaltige Schätze der frühchristlichen Mosaikkunst sind die Basiliken in Ravenna und in Rom. Hier entstand um 360 Santa Maria Maggiore, deren Langhaus um 440 unter Papst Sixtus III. mit alttestamentlichen Szenen geschmückt wurde. Diese Mosaiken gliedern sich in Zyklen zu den Geschichten Abrahams, Isaaks, Jakobs, Josefs, des Mose und Josuas. Die etwas jüngeren Mosaike am Triumphbogen widmen sich der Menschwerdung Gottes mit den Szenen der Verkündigung an Maria, der Anbetung der Weisen aus dem Morgenland und der Darbringung im Tempel.

In Ravenna enthält Sant' Apollinare Nuovo (Weihe 504) sowohl eine „Neues Testament in Bildern" (mit der Trennung der Schafe von den Böcken, Mt 25,31–32, Beginn des Abschnitts „Vom Weltgericht"), als auch Prozessionen von Märtyrerinnen (darunter die hl. Agnes mit einem Lamm als Attribut) und Märtyrern.

Außer Basiliken befinden sich in Ravenna Baptisterien mit reichem Mosaikschmuck, ebenso die Kirche San Vitale und das wohl nach 425 als Oratorium über dem Grundriss eines „griechischen Kreuzes" (gleich lange Kreuzarme) errichtete sog. Mausoleum der Galla Placidia. Zur musivischen Ausstattung ihres Inneren gehörten in der Lünette des Ostarms der hl. Laurentius mit Kreuz und Buch, auf das glühende Rost (das Instrument seiner Marter) zuschreitend, gegenüber (über dem Eingang) der Gute Hirte (Joh 10,11) und in den Tambourlünetten acht weiß gewandete Apostel. Im Zentrum der Kuppelschale leuchtet inmitten eines Sternenhimmels ein goldenes Kreuz mit den vier Evangelistensymbolen. Es bildet als zentraler Gegenstand der Verehrung den Bezugspunkt des gesamten ikonographischen Programms. Reicher ornamentaler Schmuck nach klassischen Vorbildern breitet sich auf den Tonnengewölben der Arme und den gliedernden Architekturteilen aus.

Das Frühmittelalter

Antikes Erbe

Wie das Christentum, so breitete sich auch der Kirchenbau von Südeuropa sowie den östlichen, nordalpinen und westlichen römischen Provinzen nach Norden aus. Den Anspruch, der ab dem 6. Jahrhundert christianisierten Franken, das im Westteil zugrunde gegangene Römische Reich zu erneuern, manifestierte die sog. Kapelle der Pfalz Karls d. Gr. in Aachen. Bereits der Frankenkönig Pippin III. besaß hier eine Residenz, auf deren Areal sein Sohn Karl ein „zweites Rom" plante. Ab etwa 790 ließ er eine Anlage mit zwei durch eine Thron- und Gerichtshalle getrennten Höfe errichten. Im Norden lag die Königshalle, im Süden die sog. Pfalzkapelle in der Tradition der Palastkirche, wie sie Kaiser Justinian I. in Konstantinopel in Gestalt der Hagia Sophia und Theoderich in Ravenna besessen hatten (fälschlicher Weise hielt man San Vitale statt Sant' Apollinare Nuovo für die Palastkirche des Ostgotenkönigs).

Den heute noch erhaltenen Kern der Marienkirche, um 800 der erste monumentale Kuppelbau nördlich der Alpen, umgaben im Westen ein Atrium, im Norden ein Anbau, in dem der Herrscher seine Festkleidung anlegte, im Süden ein Trakt für zeremonielle Gastmahle und als Tagungsort für Synoden. Die Bezeichnung dieses Annex als Lateran zog den Vergleich mit Roms konstantinischer Kirchenstiftung auf dem

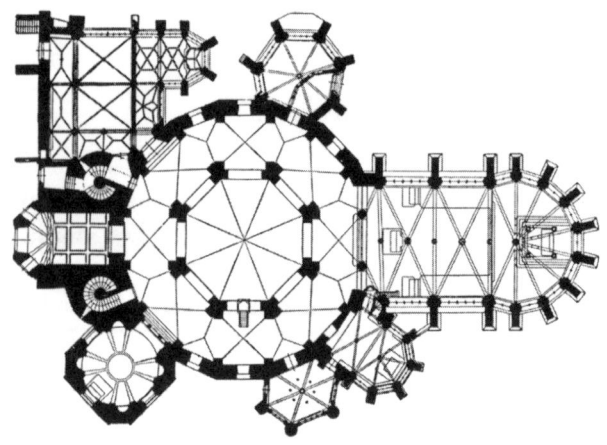

Grundriss des Doms von Aachen. Er gliedert sich in den 805 von Papst Leo III. geweihten karolingischen Zentralbau im Westen und den östlichen gotischen Chor, der 1355–1414 angefügt wurde. Dominierend bleibt trotz weiterer Anbauten, zuletzt der südwestlichen barocken Ungarischen Kapelle (1756), das Oktogon mit 16-seitigem Umgang. Er trägt die Empore mit dem sog. Thron Karls d. Gr., den Leo III. 800 in Rom zum Kaiser gekrönt hat. Den damit verbundenen Anspruch, das christliche antike Erbe anzutreten, symbolisieren die aus Ravenna stammenden Säulen im Emporengeschoss.

Grundbesitz der Laterani (San Giovanni in Laterano) und den sich anschließenden Lateranpalast. Geweiht wurde die (im 13. Jahrhundert durch einen gotischen Chor zum heutigen Dom erweiterte) Marienkirche 805 durch Papst Leo III. Er hatte am Weihnachtstag des Jahres 800 Karl zum Kaiser gekrönt. Rings um das zentrale überkuppelte Oktogon mit 16-seitigem Umgang verläuft am Gesims zwischen Untergeschoss und Empore die folgende (lateinische) Weihe-Inschrift, die dem Hoftheologen Alkuin zugeschrieben wird:

„Sind die lebendigen Steine zur Einheit friedlich verbunden, / Stimmen in jeglichem Teil Zahl und Maß überein, / So wird leuchten das Werk des Herrn, der die Halle geschaffen; / Frommen Volkes Bemühen krönt der vollendete Bau. / Bleibende Zierde menschlicher Kunst, wird er ragen auf ewig, / Wenn des Allmächtigen Hand gnädig ihn schirmend regiert. / Deshalb bitten wir Gott, dass er schütze den heiligen Tempel, / Welchen unser Kaiser Karl baute auf sicherem Grund."

Das Westwerk

Die Aachener Weihe-Inschrift stellt die Herrschaft des Kaisers und sein Werk, den Sakralbau, gleichermaßen unter Gottes Schutz. Diesen Zusammenhang veranschaulicht im karolingischen Kirchenbau das Westwerk.

Seine architektonische Form konnte kein Zentralraum sein und hatte deshalb quadratischen Grundriss. Aus spätkarolingischer Zeit ist das Westwerk der Abteikirche von Corvey (nach 873) von besonderer Bedeutung, weil es in wesentlichen Teilen noch erhalten ist. Der Mittelteil liegt hier in einer kryptenartig gewölbten Vorhalle, über dem Quadrat des Mittelteils befand sich ein Turm, der sich mit den Ecktürmen zu einer Dreiturmanlage verband. Das zweigeschossige Quadrum ist von Gängen umgeben, in der Westempore befand sich sicher der Platz für den Thron. Darauf verweisen auch die im Zeitraum zwischen 889 und 1150 abgehaltenen zwanzig kaiserlichen Hoftage, deren Schauplatz Corvey gebildet hat.

Wandmalerei

Ein einzigartiges Zeugnis der zyklischen Darstellung neutestamentlicher Szenen enthält die Kirche St. Georg in Oberzell an der Ostspitze der Insel Reichenau. Sie entstand um die Jahrtausendwende über einer Klosterzelle. Bei basilikaler Gliederung befinden sich an den Hochwänden über den Arkaden zu beiden Seiten jeweils vier großformatige Gemälde über Wundertaten Jesu. An der Nordwand sind dies die Heilung des Besessenen von Gerasa (Mk 5,1–20), die Heilung eines Wassersüchtigen (Lk 14,1–8), die Stillung des Sturms (Mt 8,23–27; Mk 4,35–41) und die Heilung eines Blindgeborenen (Joh 9,1–12). An der Südwand sind es die Heilung einer Aussätzigen (Mt 8,1–4), die Auferweckung des Jünglings zu Naïn (Lk 7,11–17), die Heilung der blutflüssigen Frau, indem sie heimlich Jesu Gewand berührt, und die sich anschließende Auferweckung der Tochter des Jaïrus (Mk 5,25–43) sowie die Auferweckung des Lazarus in Bethanien (Joh 11,39–44). Auf diese Weise sind alle vier Evangelien vertreten.

Die Besitz- und Schutzrechte eines Grundherrn im Eigenkirchenwesen repräsentiert das Wandbild eines

Edelmanns, der sich auf sein Schwert stützt, in St. Benedikt in Mals (Vintschgau, Südtirol).

Die Romanik

Die Gottesburg

Die stilgeschichtliche Bezeichnung für die Kunst im Übergang vom (karolingischen und ottonischen) Frühmittelalter zum (gotischen) Hochmittelalter entstand im frühen 19. Jahrhundert. Als „romanisch" galt alles, was in gewisser Weise „römisch" wirkte, z. B. der Rundbogen.

Das entscheidende Merkmal romanischer Sakralbauten ist jedoch der „Gliederungsbau". Er bedeutet, das ich der Baukörper im Inneren wie auch äußerlich auf vielfältige Weise zu einem reich gegliederten Gefüge entwickelt. Ein frühes Beispiel ist die von Bischof Bernward in Hildesheim gestiftete Klosterkirche St. Michael (um 1007–33): eine Basilika mit östlichem und westlichem Chor, erhöhtem Altarraum und jeweiligem Querhaus. Auf diese Weise gliedert sich die Kirche in zwei Baugruppen mit je einem quadratischen Turm über den beiden Kreuzungen vom Mittelschiff mit den Querschiffen und insgesamt vier Rundtürmen an den beiden Querhäusern.
Ab Mitte des 13. Jahrhunderts thront in Limburg hoch über dem Tal der Lahn die 115 gegründete ehemalige Stiftskirche St. Georg. Mit ihrer machtvollen

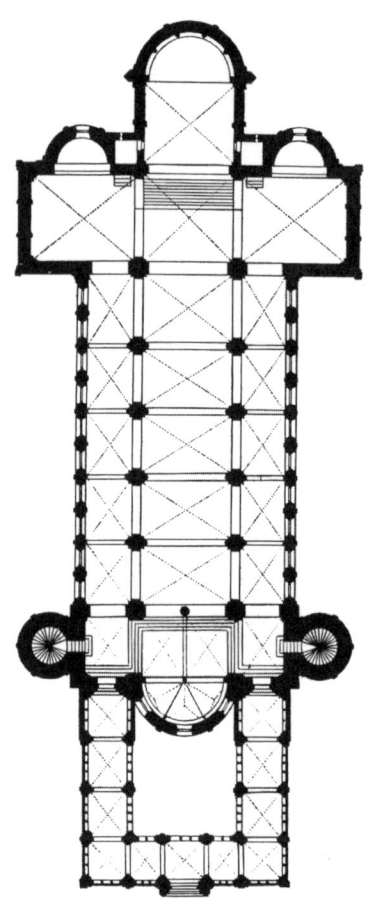

*Grundriss der Abteikirche Maria Laach in der Eifel, Grundstein-
legung 1093, Vollendung des westlichen Vorhofs um 1230. Mit
den jeweils dreiteiligen Turmgruppen des östlichen und westlichen Querhauses verkörpert Maria Laach das Ideal der Kirche
als Gottesburg.*

Maria Laach, Eingang zum arkadengesäumten Vorhof, um 1230.
Er wird – wie anderenorts die Vorhalle – als „Paradies" bezeich-
net, zumal er einen „Lebensbrunnen" als Mittelpunkt besitzt.
Zum Schmuck der Eingangswand gehört ein Rundbogenfries.

Doppelturmfassade, mit den schlanken Ecktürmen des Querhauses und oktogonalem Vierungsturm ist sie ein Inbegriff der Kirche als erhabene, weithin sichtbare Gottesburg. In Martin Luthers Kirchenlied „Eine feste Burg ist unser Gott" ist diese Metapher lebendig geblieben. Etwa zur selben Zeit wie St. Georg in Limburg entstand in Marburg mit der Elisabethkirche das erste rein gotische Bauwerk rechts des Rheins.

Die Kaiserdome

Momente der im Mittelalter angestrebten Einigkeit zwischen dem kirchlichen *sacerdotium* als geistliche Leitung und dem profanen *imperium* als weltliche Ordnungsmacht sind die von einem König oder Kaiser gegründeten Dome mit dynastischer Grablege in der Krypta. Hauptwerke im Kirchenbau der Romanik sind die Kaiserdome am Rhein: in Worms (Weihe 1018, Vollendung des Neubaus 1220), Speyer (um 1030 – um 1106) und Mainz (Weihe 1036, Schlussweihe 1239).

Merkmale der Kaiserdome sind der Doppelchor und eine Zwerggalerie im Außenbau. Diese typisch romanische Zierform besteht aus einer niederen Rundbogen-Arkade, die waagerecht oder ansteigend in eine Mauer eingefügt ist; dahinter liegt im Gegensatz zur Blend-Arkade ein schmaler, nicht begehbarer Leerraum. Da die Zwerggalerie weniger belastbar ist als die massive Mauer, beschränkt sich diese Auflockerung der Außenwand auf eine Zone unter dem Dachansatz.

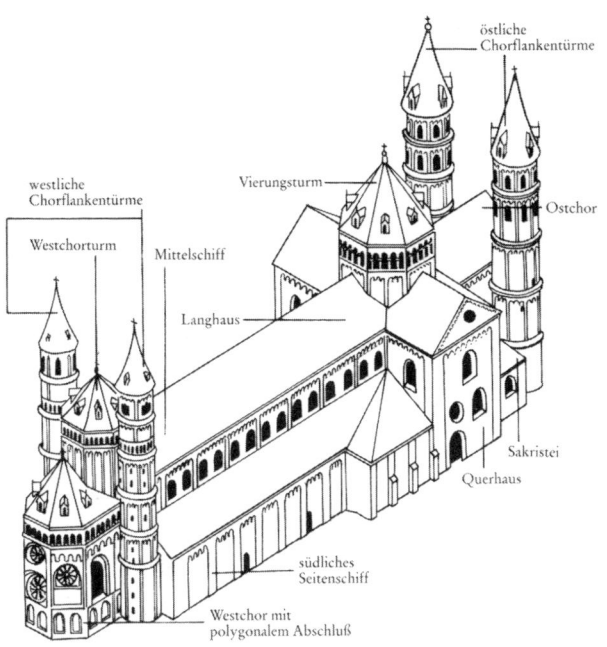

östliche
Chorflankentürme

westliche
Chorflankentürme

Vierungsturm

Ostchor

Westchorturm

Mittelschiff

Langhaus

Sakristei

Querhaus

südliches
Seitenschiff

Westchor mit
polygonalem Abschluß

Der „Kaiserdom" St. Peter in Worms (Rheinhessen). Neubau auf
den Fundamenten des 1018 in Anwesenheit Kaiser Heinrichs II.
geweihten Doms ab 1171. Es entstand eine doppelchorige Pfeiler-
basilika mit fünfseitigem Westchor, der um 1230 vollendet wurde.
Mehrere Zwerggalerien schmücken den Außenbau. Das Haupt-
portal befindet sich am südlichen Seitenschiff.

Den hohen Anspruch der Kaiserdome lassen Anfänge
der Wölbetechnik als Tonnengewölbe über den Seitenschiffen erkennen.

Pilgerkirchen

Dass die Romanik trotz regionaler Unterschiede als
erste umfassende kunstgeschichtliche Epoche zu betrachten ist, beruht nicht zuletzt auf einschneidenden
kulturgeschichtlichen Veränderungen: Für die Jahrtausendwende waren das Ende der Welt und das Jüngste Gericht prophezeit worden; doch der nun offenbar
gewährte Aufschub förderte eine machtvolle Entfal-
tung von Sakralbauten, z. B. an den Pilgerwegen, die
sich zu einem „Adernetz" Europas entwickelten. Im

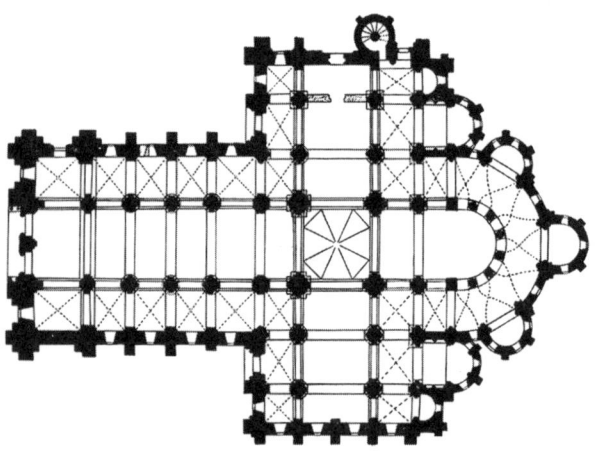

*Grundriss der Abteikirche Sainte-Foy in Conques (Auvergne) an
einem die Pilgerwege nach Santiago de Compostela. Sie ist nach der
wundertätigen Figur des hl. Fides benannt. Den Typus der Pilgerkirche kennzeichnet die Fortsetzung der Seitenschiffe um das Querhaus und den Chor. Sie diente als innerkirchlicher Pilgerweg.*

Westen führten vier Hauptrouten durch Frankreich und Burgund zum Jakobsweg mit dem Ziel Santiago de Compostela in Nordwestspanien (Galizien) mit dem Grab des hl. Jakobus, dem Schutzpatron der Rückeroberung *(reconqista)* Spaniens. Die Kathedrale wurde 1078 begonnen und zum Großteil um 1140 vollendet.

Zu den prominentesten Pilgerkirchen mit Chorumgang (Deambularium) gehören Saint-Madeleine mit den aus der Provence überführten Reliquien der hl. Maria Magdalena in Vézelay (hier vereinen sich zwei von Norden und von Osten ausgehende Pilgerwege) und als weitere Station auf dem Weg nach Santiago de Compostela Sainte-Foy in Conques in der Auvergne mit der als wundertätig verehrten Statue der hl. Fides.

Die Baukunst der Zisterzienser

Der benediktinische Reformorden der Zisterzienser entstand 1098 in Citeaux in Burgund und ist nach dem lat. Namen Cistercium des Gründungsklosters benannt. Seine europaweite Ausbreitung ist eng mit dem hl. Bernhard von Clairvaux verbunden. Dessen Kritik richtete sich gegen die Vernachlässigung der spirituellen Grundlagen des Mönchtums durch äußere Prachtentfaltung und Machtstreben. Beides beeinflusste u. a. den Klosterbau mit spektakulären Höhepunkten in Cluny (Gründung 910, zweiter Neubau der nun mit 197 m Länge größten Klosterbaus 1088–95). Dagegen forderten die zisterziensischen Ordensstatute die Wahrung der Einfachheit *(simplici-*

Westseite der zisterziensischen Abteikirche Maulbronn (Weihe 1178). Die Giebelfront lässt den basilikalen Aufbau erkennen, mit einem Dachreiter auf dem Satteldach als Glockentürmchen. Die Vorhalle „Paradies" mit Pultdach wurde 1210–15 angefügt.

tas). Für den Bau der Klosterkirchen bedeutete das bei zugleich hohen Anforderungen an die handwerkliche Ausführung: statt des halbrunden, kunstvoll gestaffelten und von Kapellen gesäumten Chors ein waagerechter östlicher Abschluss, den Verzicht auf Turmgruppen (ein Dachreiter mit Glocke musste genügen) und im Inneren den Verzicht auf Wandmalerei oder bauplastischen Schmuck.

Allerdings bezeugen ordensinterne Ermahnungen und Strafandrohungen die häufigen Verstöße gegen das Gebot der *simplicitas.* Ihr waren die Anfänge des 1147 gegründeten Klosters Maulbronn zwar streng verpflichtet, doch entstand in der Bauzeit bis 1493 ein reiches romanisch-gotisches Gesamtkunstwerk.

Die Gotik

Skelettbauweise und Strebewerk

Die Stilepoche der Gotik folgt im Hochmittelalter der Romanik und reicht bis ins Spätmittelalter. Der Bezeichnung liegt der Begriff *stilo gotico* zugrunde, mit dem der Maler und „Vater der Kunstgeschichte", Giorgio Vasari, im 16. Jahrhundert die v. a. nordalpine mittelalterliche Kunst den Goten zuordnete. Aus seiner Sicht erlebte Italien im 13. Jahrhundert bereits die „Wiedergeburt der Kunst" (Renaissance), während der Norden auf seinen „Abwegen" verharrte. Noch im 18. Jahrhundert stellte Georg Johann Sulzer in seiner enzyklopädischen „Allgemeinen Theorie der schönen Künste" (1771–74) im Artikel „Gotisch" fest: „Man bedient sich dieses Beiworts in den Schönen Künsten vielfältig, um dadurch einen barbarischen Geschmack anzudeuten", schränkt allerdings ein: „wiewohl der Sinn des Ausdrucks selten genau bestimmt wird".

Anstoß erregten aus neuzeitlicher Sicht die Aufhebung von architektonischen Grundgesetzen. Wie der variable Spitzbogen den gleichmäßigen Rundbogen ablöste, so übernahm ein „Skelett" aus Pfeilern, Bögen und Rippen nach und nach die tragende Funktion des Mauerwerks, welches sich dadurch auf eine (stark durchfensterte und dadurch „leichte") Raumhülle beschränkte.

Die Baumeister erkannten, dass in diesem gewölbten Bauskelett seitlich gerichtete Schubkräfte am Werk waren, die es abzufangen bzw. zu lenken galt, zunächst durch Stützpfeiler entlang der schräg abfallenden Strebebögen, die den Gewölbeschub auf Strebepfeiler ableiteten. Diese auf den ersten Blick rein statisch bedingte Hilfskonstruktion gewann ästhetische Qualitäten: sowohl durch die Ausgestaltung mit Zierwerk, wie schlanken Türmchen (Fialen) als auch durch die Übertragung des durchlässigen (diaphanen) Charakters der Raumhülle im Inneren auf die nach außen verlagerte filigrane Stützkonstruktion.

Dieses Strebewerk fehlt an der als Schauwand gestalteten Westfassade. Sie enthält den Zugang zum basilikalen Langhaus, das zum tiefen Chor hin fluchtet, jedoch zugleich das Auge, ja die Empfindung mit aller Macht in die Höhe lenkt, während der Durch-

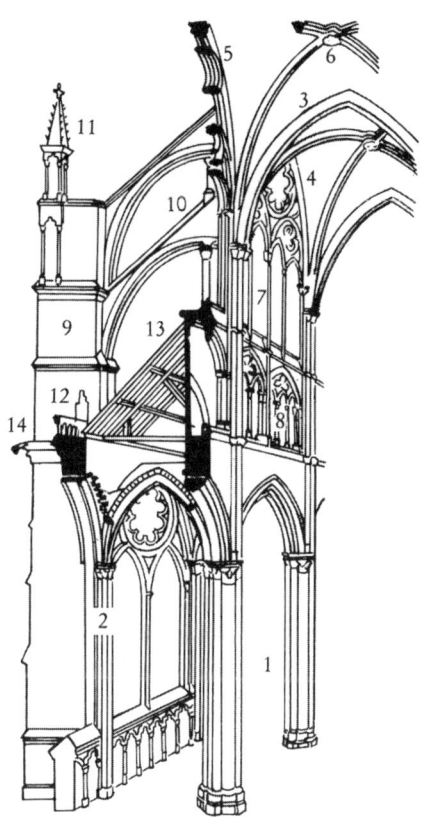

Gewölbe und Strebewerk am Beispiel der Kathedrale von Amiens:
1 Arkadenpfeiler, 2 Bündelpfeiler mit stabförmigen Säulen (Dien-
ste), 3 Gurtbogen quer zur Längsrichtung (Unterteilung des Gewöl-
bes in Joche), 4 Schildbogen an der Wand parallel zur Längsrich-
tung, 5 Kreuzrippen diagonal zur Längsrichtung, 6 Gewölberippen,
7 Fensterzone, 8 Triforium, 9 Strebepfeiler, 10 Strebebogen,
11 Fiale, 12 Äußerer Umgang, 13 Pultdach des Seitenschiffs, 14
Wasserspeier

Aufriss einer gotischen Seitenwand des Mittelschiffs. Zwischen den Spitzbogen-Arkaden und den Maßwerk-Fenstern der Hochwand befindet sich der nach außen verglaste, nach innen offene Laufgang Triforium.

blick durch die seitlichen Arkaden in die begleitenden Seitenschiffe ebenso wie das Querhaus die räumliche Dimension der Breite zur Geltung bringt. Vorherrschend bleibt jedoch im Sinne einer symbolischen Hierarchie der räumlichen Verhältnisse der Höhenzug, die seelische Erhebung.

Die Glasmalerei

Die Gotik schränkte die Wandflächen als Bildträger ein, sodass die Wandmalerei an Bedeutung verlor. An ihre Stelle trat die Herstellung von figürlich und ornamental gestalteten farbigen Fensterscheiben. Schriftliche Quellen bezeugen diese Funktion der Glasmalerei bereits für die Spätantike, doch stammen die ältesten erhaltenen Reste aus dem Frühmittelalter. Herausragende Werke der romanischen Glasmalerei sind die Prophetenfenster (um 1135; Augsburger Dom): fünf schmale Rundbogenfenster (Höhe 230 cm) zeigen je eine in strenger Frontalität komponierte Gestalt; Inschriften nennen die Namen und zitieren auf Spruchbändern Weissagungen. In technischer Hinsicht repräsentieren die Augsburger Fenster bereits die musivische Glasmalerei: Die Figuren setzen sich aus formgerecht zugeschnittenen Teilen zusammen, die in der Glasschmelze ihre jeweilige Farbe erhalten haben. Aufgeschmolzenes Schwarzlot diente dazu, die Teile mit einer Binnenzeichnung zu versehen, bevor sie durch konturierende Bleiruten verbunden wurden.

Aus diesen Anfängen entwickelte sich in Zusammenhang mit der fortschreitenden Durchfensterung der Wand im gotischen Kirchenbau eine Glasmalerei, die den Schmuck der farbigen Transparenz zur spirituellen Transzendenz steigerte: Sie verwandelte das einströmende Licht in die Verheißung einer überirdischen Farbwelt. Indem die Glasmalerei Trägerin der gesamten christlichen Ikonographie einschließlich der Typologie wurde, bestätigte sie den Anteil der heilsgeschichtlichen Bildwelt an dieser Verheißung des Jenseits: Die Glasmalerei gab „der Religion Licht" (Inschrift eines Farbfensters mit einem Dedikationsbild, auf dem ein Ehepaar das von ihm gestiftete Fenster zwei Heiligen übergibt, um 1240/50; Hessisches Landesmuseum, Darmstadt).

Ein Höhepunkt der Gestaltung des Kirchenraums als begehbarer monumentaler, ringsum verglaster Schrein ist das Obergeschoss der Doppelkapelle Sainte-Chapelle in Paris, 1243–48. Diese als Palastkirche errichtete *capella vitrea* („gläserne Kapelle") enthielt die Passionsreliquien aus den *Arna Christi* (Dornenkrone, Stücke vom Kreuz Jesu, von der Heiligen Lanze, vom Essigschwamm u. a.), die Ludwig IX. 1239 und in den folgenden Jahren aus Byzanz erworben hatte. Die Wand ist auf das unabdingbare statische Gerüst reduziert, sodass sich die Glasfenster (mit mehr als 1100 Einzelszenen) in aller Pracht entfalten können.

Ein Sinnbild der gotischen Formsymbolik ist das Rosenfenster. Es entwickelte sich aus dem romanischen Radfenster. Die nun vergrößerte, mit Maßwerk und Glasmalerei ausgestattete Öffnung befindet sich im gotischen Kirchenbau über den Portalen der Eingangsfront und des Querhauses. Die Westfront der

Glasmalerei: Bleiruten verbinden Stücke aus farbigem Glas und bilden die Hauptkonturen. Die Binnenzeichnung erfolgt durch aufgeschlossenes Schwarzlot (leicht zu schmelzendes Bleiglas).

Kathedrale und französischen Krönungskirche Notre-Dame in Reims (gotischer Neubau 1220–75) besitzt sogar zwei Rosenfenster übereinander; dazwischen verläuft das hier verglaste Triforium der Längswände.

Als radial gegliedertes „Sonnenrad" symbolisiert das Rosenfenster Christus als das Licht der Welt. Die häufig 16 „Strahlen" (z. B. bei der Westrose des Straß-burger Münsters) symbolisieren zahlensymbolisch

Vollkommenheit (16 als Quadratzahl der Vier). Daneben ist 16 die Summe der vier Großen und zwölf Kleinen Propheten; gemeinsam haben sie den Messias geweissagt, dessen Ankunft die Zwölf Jünger Jesu und die vier Evangelisten bezeugen.

Die Gewölbe

Im Kirchenbau entwickelte sich der obere Abschluss der Innenräume vom offenen Dachstuhl und der Flachdecke der Basilika über das romanische Tonnengewölbe zum gotischen Kreuzrippengewölbe. Letzteres entsteht durch die rechtwinklige Durchdringung von zwei Tonnengewölben mit Graten als diagonalen Schnittkanten. Indem diese Grate die Gestalt von tragenden Rippen erhielten, entstand aus dem Kreuzgratgewölbe das Kreuzrippengewölbe mit plastisch geformtem Schlusssteinen an den Kreuzungspunkten der Rippen. Dieses Gerüst trägt die Gewölbekappen. Gurtbögen im rechten Winkel zur Längsachse und Schildbögen an den Wänden gliedern das Kreuzrippengewölbe in einzelne Joche. Die Endpunkte der spitzbogigen Rippen stützen sich auf Konsolen oder die als Dienste bezeichneten Stäbe an den Pfeilern oder Säulen der seitlichen Arkaden.

Diese Gliederung in Joche überspielen „figurierte" Gewölbe wie das Sterngewölbe und schließlich das Netzgewölbe: Die Verschlingungen der gekurvten Rippen fordert die Betrachter dazu auf, im Anschein des Regellosen (der Welt) eine höhere (göttliche) Ordnung zu erkennen.

Gewölbe als Thema der Druckgraphik: Albrecht Altdorfers Holzschnitt „Die Hl. Familie am Brunnen" (um 1515) zeigt eine Kapelle mit Rippengewölbe. Dargestellt ist wohl eine Szene der Flucht nach Ägypten. Die drei Verse im 2. Kapitel des Matthäus-Evangeliums wurden in Legenden zu einer umfangreichen Erzählung erweitert.

Die Renaissance

Harmonie der Proportionen

Die „Wiedergeburt [der Kunst]", ital. *rinascità*, frz. *renaissance,* steht am Beginn der Neuzeit. Ein nun verstärkt auf Erfahrung gestützter Pragmatismus verlangte eine Sublimierung durch Kunst nach antiken Vorbildern. Sie lehrten das Ideal eines harmonischen Ausgleichs der Gegensätze, ja sogar zwischen Diesseits und Jenseits. Dadurch geriet das mittelalterliche Weltbild, das im gotischen „Vertikalismus" zum Ausdruck kam, ins Wanken – mit Folgen auch für den Kirchenbau.

Den Beginn einer grundlegend neuen Ästhetik der Frührenaissance im 15. Jahrhundert bezeugen mehrere Kirchen von Filippo Brunelleschi in Florenz. Dazu gehören die Säulen-Basiliken mit Rundbogen-Arkaden San Lorenzo (ab 1421) und Santo Spirito (ab 1434). Zwei Kapellen verdeutlichen die wechselweisen Beziehungen zwischen den klar gegliederten Formen: 1419–28 entstand Brunelleschis Alte Sakristei an San Lorenzo als Grabkapelle der Medici. Sie gliedert sich in zwei überkuppelte Bauglieder mit jeweils quadratischem Grundriss: den Hauptraum und den Altarraum. Halbkreisbögen führen in beiden Räumen vom horizontalen Gebälk hinauf zum kreisförmigen Kuppelansatz, dessen Rund im Wandschmuck mit Medaillons wiederkehrt. Das wegweisend Neuartige ist das ebenso klare wie variationsreiche System, das

Ab 1430 entstand in Florenz bei Santa Croce nach Plänen von Filippo Brunelleschi die Kapelle der Familie Pazzi. Die Innenansicht des Hauptraums zwischen Vorhalle und Altarraum gibt einen Eindruck von der Systematik, in der Rundbögen und Kreise eine harmonische Einheit ergeben. Sie wird das Stilprinzip der Renaissance-Architektur.

die linearen, flächigen und räumlichen Elemente zu einer harmonischen Einheit verbindet.

Mit den Medici konkurrierten die Pazzi. Ihre Grabkapelle im Kreuzgang von Santa Croce schuf Brunelleschi ab 1430. Dieses ebenfalls verhältnismäßig kleine Bauwerk gliedert sich in drei überkuppelte Bauteile: Vorhalle, Hauptraum, Altarraum. Hieraus ergibt sich die Kombination gerichteter wie zentrierter Raumteile. Senkrechte und Waagerechte (Pilaster und Gebälk) sowie Halbkreis und Kreis sind Elemente der Flächengliederung.

Brunelleschis Nachwirkung bezeugt Michelangelos Neue Sakristei an San Lorenzo (Cappella Medici) mit den Grabmälern des Guiliano und des jüngeren Lorenzo de' Medici.

Der Zentralbau

Die nach Brunelleschi zweite stilprägende Persönlichkeit ist Donato Bramante, tätig in Urbino, Mailand und Rom. Hier schuf er um 1502 mit dem Tempietto im Klosterhof von San Pietro in Montoria den ersten als reiner Zentralbau gestalteten Sakralbau über kreisrundem Grundriss.

1506 übernahm Bramante die Leitung des Neubaus der vatikanischen Peterskirche. Auch die Hauptkirche der Christenheit wird nun als reiner Zentralbau angelegt, entsprechend der Größe der Aufgabe als ein reich organisiertes Gebilde, dessen Vielfalt an Raumkompartimenten aber vom Grundriss her in einem Quadrat zusammengefasst wird. Bramantes Projekt,

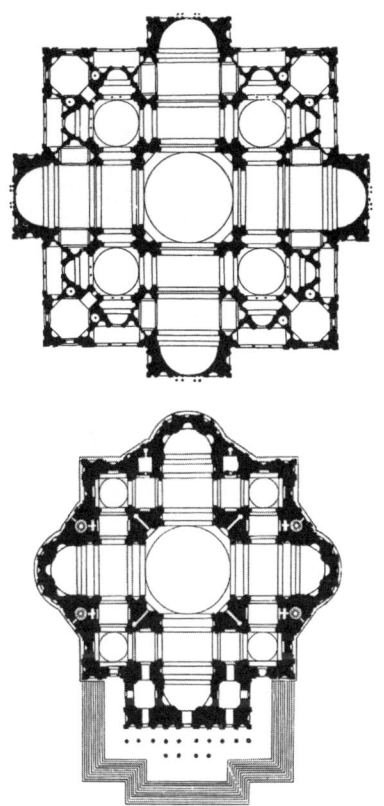

Der Vergleich der beiden Grundrisse des 1506 begonnenen Neubaus von San Pietro in Vaticano als Zentralbau zeigt einerseits die
Gemeinsamkeiten zwischen der Konzeption Donato Bramantes,
der im Auftrag von Papst Julius II. tätig war, und der endgültigen
Ausführung durch Michelangelo, dem Papst Paul III. 1546 die
Bauleitung übertragen hatte. Andererseits ist eine Dramatisierung
der ursprünglichen Feingliedrigkeit erkennbar, etwa durch die Ver-
stärkung der vier Eckpfeiler des Kuppelraums.

Ein beliebtes Renaissance-Motiv ist die muschelförmige Halbkuppel einer Nische. Hier umhüllt sie die um 1520 von Jacopo Sansovino geschaffene „Madonna del Prato" der Kirche San Agostino in Rom.

beim Tod des Meisters 1514 noch im Anfangsstadium der Ausführung, wurde von den Nachfolgern aus liturgischen Gründen zum Richtungsbau abgewandelt. Doch 1546 kehrte Michelangelo zu Bramantes Konzept zurück.

Von den großen, ausgeführten Projekten verkörpert die im Umkreis Bramantes konzipierte Kirche Santa Maria della Consolazione in Todi am reinsten den Geist der Hochrenaissance. Dieser Kuppelbau über dem Grundriss des griechischen Kreuzes veranschaulicht das charakteristische Streben nach Vereinheitlichung. Der Bau ist nicht mehr aus selbständigen kubischen Körpern zusammengefügt, sondern Mittelbau und die gleich langen Kreuzarme verschmelzen, indem die Halbzylinder und Halbkuppeln die beherrschende Zentralkuppel vorbereiten. Diese überwölbt eine geistige Mitte.

Das Fresko

Zu den maltechnischen Errungenschaften des 16. Jahrhunderts gehört die Malerei al fresco auf den feuchten Putz der Wand aus Kalk. Dieser verbindet sich unlöslich mit dem in „Tagewerken" aufgetragenen Farbmaterial aus in Kalkwasser gelösten Pigmenten.

Ein Kirchenraum mit Meisterwerken der Freskomalerei ist die 1473–81 als flach gewölbte Saalkirche errichtete Sixtinische Kapelle im Vatikan, benannt nach dem Bauherrn Papst Sixtus IV. Ihm gelang es, die herausragenden Maler der Frührenaissance (u. a. Sandro Botticelli, Domenico Ghirlandaio und Pietro Perugino) für die Ausstattung der Seitenwände zu verpflichten. Sie schufen an der Südseite sechs synchrone Gemälde mit Szenen aus dem Leben des Religionsstifters Mose. Ihnen entsprechen auf der Nordseite sechs Gemälde mit Szenen aus dem Leben Jesu Christi, auf den sich der Neue Bund gründet.

Dieser ersten Phase folgten 1508–12 im Auftrag von Julius II. die Deckenfresken Michelangelos. Das alttestamentliche Bildprogramm reicht vom ersten Tag der Schöpfung bis zur Geschichte des Noah (Buch Genesis, Kapitel 1–3 und 7–9); zugeordnet sind Mose und die eherne Schlange (Buch Numeri 21) sowie Gestalten aus den Geschichtsbüchern: David und Goliath, Judith und Holofernes, Esther und die Hinrichtung des Haman. Sieben Propheten, darunter der vom Fisch ausgespiene Jona über dem Altar als Präfiguration der Auferstehung Christi alternieren mit fünf Sibyllen als antike Prophetinnen; 14 Fensterlünetten widmen sich der Vorfahren Jesu getreu dem 1. Kapitel des Evangeliums nach Matthäus.

Schließlich schuf Michelangelo im Auftrag von Papst Julius II. an der Altarwand an 1534 das monumentale Fresko „Das Jüngste Gericht“. Es wurde am 31. Oktober 1541, am Tag von Allerheiligen, enthüllt. Und in der Tat versammelt es hoch oben rings um den Weltenrichter die heiligen Gestalten beider Testamente und die ersten Märtyrer. Sie sehen „den Menschensohn mit großer Macht und Herrlichkeit auf den Wolken des Himmels kommen“ (Mt 24,30).

Barock und Rokoko

Synthese aus Basilika und Zentralbau

Im Zeitalter des Konfessionalismus ging der Kirchenbau getrennte, ja gegensätzliche Wege. Während in
den protestantischen Ländern der Gottesdienst vor

*Ab 1704 entstand nach den Plänen des Klosterbruders Kaspar
Moosbrugger der Neubau der Abteikirche Einsiedeln, einem Wall-
fahrtsort im Kanton Schwyz an einem der Pilgerwege nach Santiago de Compostela. Die westliche Eingangsfront der Kirche besitzt
eine konvexe Auswölbung als charakteristisches Bauelement des
„beschwingten" Barock. Auf dem Kirchplatz wurde 1747 der Maria
geweihte „Fraubrunnen" errichtet.*

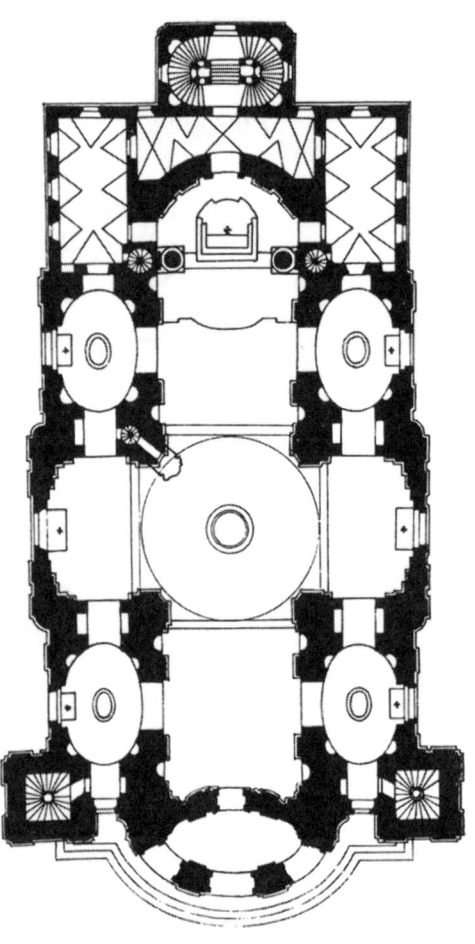

Grundriss der Salzburger Kollegienkirche. 1696–1709 erbaut nach Plänen von Johann Bernhard Fischer von Erlach. Sie ist ein Beispiel für die dynamische Verbindung von Kuppelbasilika und Kreuzkuppelkirche im Barock.

allem der Wortverkündigung gewidmet war und dem Sinnenreiz künstlerischer Gestaltung enge Grenzen setzte, formulierte der Ordensgründer Ignatius von Loyola bereits 1548 in seinem Hauptwerk *Exercitia spiritualia* („Geistliche Übungen") die Aufforderung: „Man lobe Kirchenschmuck und Kirchenbauten, desgleichen Bilder und die Verehrung derselben mit Rücksicht darauf, was sie darstellen."

Diesem Ziel, die Kirche (als Institution) durch Kirchenbauten und deren Ausstattung mit Bildern zu schmücken, ist die Sakralarchitektur in den katholischen Ländern auf eine Weise verpflichtet, die Traditionen aufgreift und verbindet: Der basilikale Richtungsbau gerät gleichsam in Bewegung, indem er zentralisierte Raumbereiche ausbildet. Diese Dynamisierung geben bereits die Eingangsfassaden zu erkennen, indem konkave Einwölbungen und konvexe Ausbuchtungen die Wand in Schwingung versetzen. Diese Wirkung unterstützt das bauplastische Relief der gestaffelten Wandpfeiler (Pilaster) und Säulen; sie tragen außen wie innen stark profiliertes waagerechtes Gebälk, das die Schauseite in zwei, mitunter drei Geschosse gliedert.

Dieses Schema begründete in Rom Carlo Maderna mit der giebelbekrönten Fassade der 1603 vollendeten Kirche Santa Susanna. Eine weitere Dynamisierung kennzeichnet die Sakralbauten von Gian Lorenzo Bernini und Francesco Borromini. Dazu gehört im Grundriss die Dehnung des Kreises zur Ellipse, etwa bei Berninis Sant' Andrea al Quirinale (1658–70).

Als Sinnbild des Himmelsgewölbes und Symbol der himmlischen Transzendenz gehört die Kuppel seit jeher zu den konstruktiven Herausforderungen des Kirchenbaus. Zu den Vorbildern gehörte das „allen Göttern" geweihte Pantheon in Rom (um 110–128 n. Chr.; um 600 als Kirche Santa Maria ad Martyres geweiht) und die Kuppel der Hagia Sophia („Heilige Weisheit") in Konstantinopel, 532–37, erneute Weihe 561 nach Wiederherstellung der eingestürzten Kuppel. Dem byzantinischen Hofhistoriographen Prokopios zufolge schien sie „wie an einer goldenen Kette vom Himmel herab zu hängen".

Entwicklungsstufen zu den triumphalen Kuppeln des Barock sind Brunelleschis Kuppel über der Vierung des Florentiner Dom Santa Maria del Fiore (1420–36) und Michelangelos Kuppel der Peterskirche (vollendet von Giacomo della Ponta 1590). Doch überschritt der monumentale Kuppelbau die konfessionellen Grenzen. So entstand in London 1675–1711 nach Plänen von Christopher Wren die Saint Paul's Cathedral, und in Dresden bildete das Gegenstück zur kath. Hofkirche (ohne Kuppel) die ev. Frauenkirche von Georg Bähr: Der Zentralbau besitzt eine Kuppel in Form einer Glocke (1726–38, Zerstörung 1945, Wiederaufbau 1993–2004).

Die weltgeschichtlichen Bezüge, die im Barock evoziert wurden, veranschaulicht die Wiener Karlskirche, 1716 von Johann Bernhard Fischer von Erlach begonnen, 1739 durch dessen Sohn Joseph Emanuel

Die Wiener Karlskirche, begonnen 1716 nach Plänen von Bernhard Fischer von Erlach, symbolisiert kulturelle Universalität: Ein giebelbekrönter Portikus mit sechs Säulen und zwei Triumphsäulen repräsentiert die Antike, die mächtige Kuppel vertritt die Entwicklung des christlichen Sakralbaus, zwei seitliche Tortürme mit Glockengeschoss erinnern an fernöstliche Bauformen.

vollendet. Zugrunde liegt ein Gelübde des Kaisers Karl VI. im Pestjahr 1713; Die mit einer steil aufragenden Kuppel zwischen zwei römischen Triumphsäulen ist Ausdruck einer in der Realität längst eingeschränkten imperialen kaiserlichen Vollkommenheit.

Die äußere Kuppelschale ummantelt eine Innere. Diese wird zum Bildträger einer Deckenmalerei, die sich der perspektivischen Sicht „von unten" bedient, um die Himmelsregion mit den Gestalten himmlischer Ereignisse zu bevölkern. So stattete Pietro da Cortona die Innenschale der Hauptkuppel von Santa Maria in Vallicella in Rom um 1650 mit einer konsequent aus der Untersicht gestalteten Szene aus. In dieser „Glorie der Dreifaltigkeit" weist Christus Gottvater die Passionswerkzeuge vor, um ihn gnädig zu stimmen.

Doch auch die barocke Bemalung von Gewölben zieht die Blicke auf sich, indem sie den sich öffnenden Himmel suggeriert. Ein Meisterwerk dieser illusionistischen Malerei schuf Andrea Pozzo, ein Jesuit, an der Decke des Langhauses von Sant' Ignazio in Rom. Die 1694 vollendete „Apotheose des hl. Ignatius" wird ringsum von vertikaler Scheinarchitektur gerahmt. Ihre Säulen lenken den Blick himmelwärts; auf einer Wolke schwebt der Ordensgründer, getragen von unzähligen Engeln, empor in eine Sphäre überirdischen Glanzes. Hier kommt ihm Christus mit dem Kreuz entgegen. Zugrunde liegt eine Vision, die Ignatius in La Storia, einer Poststation vor Rom, zuteil geworden war.

Ein spätbarockes Ensemble illusionistischer Kuppelfresken schuf Martin Knoller ab 1770 in der 1792 geweihten Kirche der Benediktiner-Abtei in Neresheim (Säkularisation 1802, Neugründung 1919/20). Der Zyklus beginnt im Vorraum in einer Ovalkuppel mit der Darstellung der Tempelreinigung. Die Eintre-

Charakteristisch für den Illusionismus der barocken Deckenmale-rei ist die Scheinarchitektur. Hier sind es die himmelwärts ragenden Säulen des Tempels von Jerusalem, aus dem Jesus die Händler ver-treibt. Das Fresko von Martin Knoller entstand 1774 und befindet sich an der Innenschale der Ovalkuppel über dem Vorraum der Ab-teikirche von Neresheim.

tenden werden an Jesu Worte erinnert: „In der Schrift steht: Mein Haus soll ein Haus des Gebetes sein" (Mt 21,13). Zwei weitere Ovalkuppeln in den Seiten-schiffen zeigen auf der Epistelseite die Darbringung Jesu im Tempel, auf der Evangelienseite die Taufe Jesu.

Eine vierte Ovalkuppel über der Kanzel des vom Chor getrennten Gemeinderaums („Volksraum") ist Jesu Predigt im Tempel gewidmet. Die Hauptkuppel über der Vierung (Ovalkuppel mit einem Kuppelfuß von 21 x 24 m) öffnet den Blick in den ewigen Himmel mit der Dreifaltigkeit im Zenit und etwa 400 konzentrisch angeordneten Figuren: alttestamentliche Patriarchen und Propheten, die Gestalten des Neuen Bundes: Apostel, Märtyrer und die Gründer von Orden, insbesondere der hl. Benedikt. Zwei Rundkuppeln überwölben den Mönchschor (mit der Auferstehung Christi) und den Hochaltar. Hier symbolisiert des Abschiedsmahl die Einsetzung des Sakraments der Eucharistie.

Die Wallfahrtskirche

In der zweiten Hälfte des 18. Jahrhunderts verbindet in Süddeutschland der barocke Kirchenbau die Architektur auf neuartige Weise mit Dekorationen, die zur Zierlichkeit neigen und mit der Ornamentik des Rokoko („Muschelwerk") verwandt ist. Als Werkstoff wird Stuck verwendet.

Die mitunter spielerische Einkleidung des Mysteriösen kennzeichnet insbesondere die Bewältigung einer Bauaufgabe mit überregionaler Bedeutung: den Neubau von Wallfahrtskirchen. Ein herausragendes Beispiel ist die allen vierzehn heiligen Nothelfern geweihte Kirche Vierzehnheiligen bei Staffelstein im Maintal. 1743–72 nach Plänen von Johann Balthasar Neumann, vollendet von Johann Michael Küchel, der auch den von den Nothelfern umringten Gnadenaltar im ovalen

Hauptraum geschaffen hat. Der reich durchfensterte Außenbau mit einer Doppelturm-Fassade birgt einen aus fünf ovalen Hauptgliedern gebildeten hohen und weiten Lichtraum. Ohne tote Winkel, ohne Frontales, sondern aus lauter Kurven und Wölbungen bestehend, ist er ein Meisterwerk der Gliederungskunst.

Ein Gemeinschaftswerk des Baumeisters Dominikus Zimmermann und seines als Maler und Stukkateur tätigen Bruders Johann Baptist ist die Wieskirche in Oberbayern. Auch sie besitzt einen ovalen Gemeinderaum als Lichtraum. Vorgänger war eine Kapelle mit dem wundertätigen, 1730 hergestellten Gnadenbild Jesu an der Geißelsäule, das Tränen vergießt.

Neunzehntes Jahrhundert

Klassizismus und Neugotik

Bauelemente der „klassischen Antike" verwendete die frühchristliche Basilika und der Kirchenbau ab dem 15. Jahrhundert. Adaptiert wurden v. a. die dorische, ionische und korinthische Säulenordnung als Bestandteile einer übergeordneten, zunehmend dynamisierten Gestaltung des Außenbaus und der Innenräume. Eine Gegenbewegung setzte in der bildenden Kunst bereits um 1750 ein. Sie richtete sich gegen den Illusionismus. Ein herausragendes Beispiel für den klassizistischen Kirchenbau ist La Madeleine in Paris. Die Baugeschichte dieser Kirche an der Stelle einer Kapelle (um

Die klassizistische Kirche La Madeleine in Paris erscheint als antiker Tempel mit Satteldach. Sie ruht auf einem 4 m hohen Sockel, 52 korinthische Säulen, die 15 m in der Höhe messen, säumen den ursprünglich als Ruhmeshalle konzipierten Baukörper, der im Inneren durch drei Kuppelschalen überwölbt wird.

1238) begann um 1760 und wurde durch die Französische Revolution unterbrochen; die bereits ausgeführten Teile sollten für profane Bauten genutzt und ab 1806 zu einem Ruhmestempel der napoleonischen Armee erweitert werden. Auch dieser Plan sowie eine 1816 angestrebte Sühnekirche blieben in den Anfängen stecken; erst 1842 wurde La Madeleine der Stadt Paris als Pfarrkirche übergeben. Sie erhebt sich auf einem 4 m hohen Podest in Gestalt eines griechischen Tempels mit flachem Satteldach. 52 korinthische, 19 m hohe Säulen säumen den fensterlosen riesigen

Quader des Baukörpers, dessen Innenraum gedämpftes Oberlicht erhält.

Das Streben nach antiker Klarheit mit monumentaler Wirkung kennzeichnet auch die Eingangsfront der ev. Stadtkirche am Marktplatz von Karlsruhe. Sie wurde 1807–11 nach Plänen von Friedrich Weinbrenner errichtet.

Dem Vorbild des Pantheon in Rom folgt Weinbrenners kath. Pfarrkirche St. Stephan (1809–14) am Friedrichsplatz in Karlsruhe.

Parallel zur klassizistischen Orientierung an der Antike gewann das Hochmittelalter neue Bedeutung. Ein Meilenstein ist Goethes von Geniekult geprägte Verherrlichung des Straßburger Münsters als (angebliche) Schöpfung allein des Erwin von Steinbach (Aufsatz „Von deutscher Baukunst", anonym publiziert 1772). Kulturgeschichtlich ist die Neugotik ein Spiegel der Romantik. Sie unterstützt die zunehmend als nationale Aufgabe verstandene Vollendung gotischer Sakralbauten (Kölner Domfest 1880).

Als neugotischer Neubau entstand 1856–79 nach Plänen des Heinrich von Ferstel an der Wiener Ringstraße die kath. Pfarrkirche Zum göttlichen Heiland. Die volkstümliche Bezeichnung als „Votivkirche" bezieht sich auf den Anlass der Stiftung: den Dank des Kaisers Franz Joseph I. für das Misslingen eines Attentats.

Der Historismus

Klassizismus und Neugotik sind in der zweiten Hälfte des 19. Jahrhunderts Stilrichtungen des Historismus,

Für die geplante *Werdersche Kirche in Berlin* legte Karl Friedrich Schinkel (im Sinne der 1829 erschienenen Programmschrift „In welchem Style sollen wir bauen?" von Heinrich Hübsch) zwei Entwürfe vor. Beide sehen eine Kirche mit Emporen über den Seiten-

schiffen vor. Der eine Entwurf verwendet Rundbögen und Kuppeln im Stil der Renaissance, der andere Spitzbögen und Rippengewölbe. Dieser neugotische Entwurf wurde für die 1824–30 erbaute Kirche verwendet.

der schließlich in einen willkürlichen Eklektizismus mündet: Historische Stilelemente werden aus ihren ursprünglichen Zusammenhängen gelöst und nach Belieben kombiniert. Ein frühes Beispiel ist an der Münchner Ludwigstraße die 1829 begonnene kath. Pfarrkirche St. Ludwig von Friedrich Gärtner. Die dreischiffige Basilika mit östlichem Querhaus und flach geschlossenem Chor besitzt an der Straßenseite zwei schlanke Türme mit spitzen Hauben (Weihe 1844). Zur Ausstattung gehört an der Ostwand des Chors das monumentale Fresko „Das Jüngste Gericht" von Peter Cornelius.

Im „stilechten" historistischen Kirchenbau wurde die zunächst verbindliche Neugotik durch die Neuromanik ergänzt. Sie wurde gewählt, als in Berlin statt eines Obelisken eine Kirche zu Ehren des Reichsgründers Wilhelm I. errichtet werden sollte. So entstand 1891–95 nach dem Vorbild des spätromanischen Münsters in Bonn die von Wilhelm II. gestiftete Kaiser-Wilhelm-Gedächtniskirche. Ihr Standort am Kurfürstendamm inmitten der Einmündung mehrerer Straßen gewährleistete die wirkungsvolle Wahrnehmung des vielgliedrigen Bauwerks aus unterschiedlichen Perspektiven. Im Erdgeschoss des Hauptturms repräsentierte ein Mosaik (vollendet 1906) die Ideologie des wilhelminischen Gottesgnadentums: Unter einem Bild des Christus Pantokrator bildeten Mitglieder der Dynastie der Hohenzollern, vom Nürnberger Burggrafen bis zu Wilhelm II. und dem Kronprinzen, eine Prozession.

Zwanzigstes Jahrhundert

Die Kirche als Wahrzeichen

Als Antoni Gaudi 1883 die Errichtung einer bereits im neugotischen Stil geplanten Kirche übernahm, entwickelte sich ein Jahrhundertwerk des Kirchenbaus: Die Architektur-Skulptur Sagrada Familia („Heilige Familie"). Dieses Wahrzeichen von Barcelona beruht auf Traditionen, die andererseits eine fortwährende Steigerung ihrer Symbolik erfahren haben. Dies gilt sowohl für die zwölf Türme, die den Aposteln und den Bischöfen als apostolischen Nachfolgern geweiht sind, als auch für die Fassaden der Geburt Christi, des Leidenswegs und die Glorienfassade. Bei Gaudis Tod 1926 war ein Turm vollendet, doch die Ausführung seiner Pläne dauert bis heute an, ab 1988 unter der Leitung des Bildhauers Joseph Maria Subirach; Probleme der Konstruktion werden heute mit Hilfe der Computertechnik gelöst.

2005 charakterisierte Lluís Kardinal Martínez Sistach das Monument als „Katechismus in Stein", als „Ort der Kontemplation, in dem das Geheimnis und das Leben Jesu Christi geschaut werden kann. Antoni Gaudi war ein Mann Gottes, der wusste, das Gott Schönheit ist und dass dieses Wissen Ausdruck finden kann in der Kunst."

Kirchenbau und Liturgie

In den 1920er Jahren ergaben sich erste Annäherungen des Kirchenbaus an fortschrittliche Bewegungen in der Architektur. Wegweisend waren die Arbeiten von Dominikus Böhm; er lehrte von 1926 bis zu seiner Entlassung durch die Nazis an der Kölner „Werkkunstschule für Architektur und Kirchenbau"; bereits die Pfarrkirche St. Johann Baptist (1922–26) in Neu-Ulm hatte er mit Stahlbeton eingewölbt. Später bescheinigte ihm der Kölner Erzbischof (1945–65) Josef Frings, er habe „die kirchliche Baukunst aus den Fesseln des Historismus gelöst, indem er gemäß dem neuen Material und gemäß den neu gewonnenen liturgischen Einsichten" baue. Letzteres meint die erst vom II. Vatikanischen Konzil (1962–65) eingeleitete Reform der Liturgie mit stärkerer (auch räumlicher) Einbeziehung der Gemeinde. Als Reform „von unten" hatte sie bereits vor dem Konzil den Sakralbau erneuert.

Den klarsten Ausdruck fand die liturgische Bewegung in Dominikus Böhms kath. Pfarrkirche St. Engelbert (1930–32) in Köln-Rieth. Der mit Klinker verblendete Rundbau besitzt eine Zeltkuppel. Der leicht erhöhte Altar vor gerader Chorwand gewinnt den sakralen Vorrang durch das Licht. Separat steht, kennzeichnend für den modernen Kirchenbau, der vierkantige Glockenturm.

Die Nachkriegszeit

In den 1950er Jahren gehörten Kirchen zu den führenden Bauaufgaben, sowohl als Wiederaufbau, Erneuerung, Modernisierung als auch durch Neubauten. In Saarbrücken knüpfte Gottfried Böhm mit der kath. Pfarrkirche St. Albert (1952–54) an die Zentralbau-Konzeption seines Vaters Dominikus an. Er näherte den Kreis der Ellipse an und errichtete in einem ihrer beiden Brennpunkte eine „Insel" für den Altar. Hier wurde vorweggenommen, was später zu den Wirkungen des Konzils gehört: Der Priester wendet sich bei der Feier der Eucharistie nun der ringsum auf Bänken gruppierten Gemeinde zu, statt ihr den Rücken zuzukehren. Eine flache Kuppel öffnet sich über der Altarinsel zu einem Glaszylinder als Lichtquelle.

Im völlig zerstörten Pforzheim entstand 1952/53 die ev. Matthäuskirche von Egon Eiermann. Der stützenlose Saalbau besitzt Wände aus Betonsteine mit farbigem Glasfluss in quadratischen Aussparungen. Über dem Altar schwebt eine Betonplatte mit einer kreisrunden Öffnung als Symbol für die Öffnung des Himmels.

Ein mit zersplittertem farbigem Glasfluss gefülltes Betongitter bildet auch die Wände des oktogonalen Gemeinderaums und des Glockenturms der Berliner Gedächtniskirche (1959–61) von Eiermann. Zunächst hatte er den Abriss des immerhin 78 m hohen Stumpfs des Hauptturms (113 m) der 1943 zerstörten wilhelminischen Denkmalkirche vorgesehen, musste sich aber der Entscheidung beugen, die Ruine als Mahnmal zu erhalten.

Zwei Kirchen repräsentieren den frühen Widerspruch zum kubischen Rationalismus als „Triumph des rechten Winkels": Le Corbusiers Wallfahrtskirche Notre-Dame-du-Haute auf einer Anhöhe bei Ronchamp (1952–55) und Oskar Niemeyers Kathedrale von Bra-

Als ein Werk im „Plastischen Stil" entstand 1950–54 nach Plänen von Le Corbusier auf einer Anhöhe bei Ronchamp (Dép. Haute-Saône) die Wallfahrtskirche Notre-Dame-du-Haut. Dieser „Schiffsrumpf" gliedert sich in den Gemeinderaum und eine Kapelle mit Turm. Der Hauptraum erhält sein Licht durch außen lukenartige, nach innen erweiterte und farbig verglaste Öffnungen in der geböschten Westwand.

silia (1957–60). Erstere verkörpert mit spitzwinklig in die Höhe weisendem Bug die bereits frühchristliche Symbolik der Kirche als rettende Arche; Niemeyers Zentralbau wird durch einen Kranz gekrümmter Rippen gebildet, der sich in einer kühnen elliptischen Bewegung zum Himmel hin öffnet und gleichzeitig Assoziationen zur Dornenkrone Jesu Christi weckt.

Die christliche Bildsprache

Die Abkehr vom Bilderverbot

Zwei Gründe gab es im frühen Christentum für die reine Wortverkündigung. Zunächst das zweite der Zehn Gebote: „Du sollst dir kein Gottesbild machen und keine Darstellung von irgendetwas am Himmel droben, auf der Erde unten oder im Wasser unter der Erde" (Ex 20,4)

Hinzu kam die Abgrenzung gegenüber dem antiken Bilderkult der griechisch-römischen Umwelt. Um 200 spottet beispielsweise Marcus Minucius Felix in seiner Schrift „Dialog Octavius": „Viel richtiger beurteilen die stummen Tiere eure Götter infolge ihres natürlichen Instinktes. Die Mäuse, Schwalben und Geier wissen wohl, dass jene keine Empfindungen haben. Sie nagen daran, treten sie mit Füßen, setzen sich darauf, und wenn ihr sie nicht verjagt, nisten sie sogar im Munde eures Gottes. Die Spinnen vollends überweben sein Gesicht und hängen an seinem Haupte ihre Fäden auf. Ihr müsst sie abwischen, reinigen, abschaben und habt Angst vor ihnen, während ihr sie doch fertigt und schützt."

Die Entwicklung des Christentums zur römischen Staatsreligion lockerte die Ablehnung einer religiösen bildenden Kunst, wobei eine kultische Bedeutung ausgeschlossen blieb. Dass dies keine Selbstverständlichkeit war, bezeugen zahlreiche apologetische

Schriften, in denen eine der Wortverkündigung vergleichbare „Lesung der Bilder" befürwortet und zugleich der Bilderkult als Idolatrie verurteilt wird.

Um 600 beantwortet Papst Gregor I. Anfragen über die rechtmäßige künstlerische Ausstattung von Kirchen: „Wenn jemand Bilder fertigen will, dann hindere ihn nicht; die Anbetung der Bilder aber verhindere mit allen Mitteln. [...] Durch die Erinnerung an den Gottessohn möge deine Liebe zu dem wachsen, den du im Bild schauen willst. Wir werfen uns vor diesem nicht nieder wie vor Gott, sondern wir beten den an, an dessen Geburt oder Leiden oder dessen Sitzen auf dem Thron uns das Bild erinnert. Und während uns das Bild wie die Schrift ins Gedächtnis ruft, erfreut es unser Herz ob seiner Auferstehung und tröstet uns wegen seiner Passion. Was für die Lesenden die Schrift ist, das ist für die Augen der Ungebildeten das Bild, denn auf ihm sehen sogar die Ungebildeten, was sie nachahmen müssen, auf ihm lesen die des Lesens unkundigen. [...] Man muss unterscheiden zwischen einer Anbetung des Bildes und der Belehrung, die wir durch die Bilder über den Gegenstand unserer Anbetung erfahren."

Diese pastorale Rechtfertigung entwickelte Johannes von Damaskus, um 700 Berater des Patriarchen von Jerusalem, zu einer Theologie des Bildes. Die zentrale Begründung ist die christliche Lehre von der Menschwerdung Gottes: „Wer kann sich von dem unsichtbaren, unkörperlichen, unumschriebenen und gestaltlosen Gott ein Abbild machen? Höchst töricht und gottlos also ist es, die Gottheit darzustellen. Daher war im Alten Testament der Gebrauch der

Bilder nicht üblich. Es ist aber Gott in seiner ‚barmherzigen Liebe' (Lk 1,78) unseres Heiles wegen wahrhaftig Mensch geworden, nicht wie er dem Abraham in Menschengestalt erschienen ist (Gen 18,1 ff.), auch nicht wie den Propheten, nein wesenhaft, wirklich ist er Mensch geworden, hat auf Erden gelebt und mit den Menschen verkehrt, hat Wunder gewirkt, gelitten, ist gekreuzigt worden, auferstanden, in den Himmel aufgenommen worden, und all dies ist wirklich geschehen und von Menschen gesehen worden." Somit rechtfertige die Menschwerdung Gottes seine Bildwerdung in der Darstellung Jesu Christi.

Doch diese Rechtfertigung schloss den Bilderkult nicht aus, der insbesondere in den Klöstern gepflegt wurde. Gegen ihren Einfluss richtete sich im Byzantinischen Reich ab etwa 730 der erste „Bildersturm (Ikonoklasmus). Er wurde erst 842 offiziell beendet, allerdings mit einer Einschränkung: Verboten blieben religiöse Skulpturen (Bildwerke) aufgrund ihrer Verwandtschaft mit „Götzenbildern". Dies unterschied fortan die östliche (orthodoxe) von der westlichen christlichen Kunst, die ab der Jahrtausendwende auch das plastische Kultbild förderte.

Die Kreuzestheologie

Das Zeichen des Kreuzes

Am Beginn des Christentums steht die Auseinandersetzung mit dem Kreuz. Paulus nennt es im 1. Brief an die Gemeinde in Korinth, also zwischen den Jahren 53 und 55, ein „empörendes Ärgernis" (griech. *skandalon*) – aber nur für die Juden, die Zeichen fordern, und die Griechen, d. h. die Philosophen), die Weisheit suchen. „Wir dagegen verkündigen Christus als den Gekreuzigten: für Juden ein empörendes Ärgernis, für Heiden eine Torheit" (1 Kor 1,22–23). Es geht Paulus um das „Wort vom Kreuz", nicht um das Bild oder Zeichen des Kreuzes.

Letzteres ist in der bereits zitierten Schrift des Marcus Minucius Felix etwas Natürliches oder von Menschen geschaffenes, mitunter Verehrtes, aber keinesfalls spezifisch christliches: „Auch Kreuze beten wir nicht an und wünschen sie nicht. Ihr allerdings, die ihr hölzerne Götter weiht, betet vielleicht hölzerne Kreuze an, als Bestandteil eurer Götter. Was sind denn anderes die militärischen Feldzeichen und Banner und Fahnen, als vergoldete und verzierte Kreuze? Eure Siegeszeichen haben nicht bloß die Gestalt eines einfachen Kreuzes, sondern erinnern auch an einen Gekreuzigten. Das Kreuzeszeichen sehen wir auch ungekünstelt auf dem Schiffe, wenn es mit schwellenden Segeln fährt, oder mit ausgestreckten Rudern dahingleitet. Auch wenn ein Joch errichtet wird, entsteht das Zeichen des Kreuzes; ebenso wenn ein Mensch mit erhobenen Händen Gott nur im Geiste verehrt. So liegt die Kreuzesform teils natürlichen Verhältnissen zugrunde, teils kommt sie bei euren religiösen Gebräuchen zur Verwendung."

Zumindest die Gebetshaltung mit erhobenen Armen erfuhr in der Katakombenmalerei eine christliche Deutung. Dies bezeugt das Bild der Maria mit dem Christuskind als Orans (lat. *orare*, „beten") zwischen zwei Christogrammen aus den griechischen Buchstaben *Chi* (X) und *Rho* (P). Das Wandbild in der Katakombe bei Sant' Agnese vor den Mauern Roms ist im 4. Jahrhundert entstanden. Im 5. und 6. Jahrhundert ist das kosmische Kreuz im Kreis, dessen vier Arme in die vier Himmelsrichtungen weisen, ein Christussymbol. In Ravenna ist das kosmische Kreuz auf der dunkelblauen Innenschale der Flachkuppel des sog. Mausoleums der Gallo Placidia konzentrisch von Sternen umgeben. Indem sich ihre Größe in Richtung des Zentrums verringert, verstärken sie den Eindruck eines Himmelsgewölbes. In Sant' Apollinare in Classe (Weihe 549) zeigt die Halbkuppel der Apsis die *crux gemmata,* das „edelsteingeschmückte Kreuz", in einem Kreis aus 99 Sternen. Im Kreuzungspunkt leuchtet das Antlitz Christi. Hier ist bereits die Verbindung zwischen kosmischem Kreuz und Jesu Kreuzigung ausgedrückt, über die der hl. Kirchenlehrer Irenäus von Lyon bereits gegen Ende des 2. Jahrhunderts schreibt: „Denn indem Gott sichtbar wurde, musste er die Teilnahme des Universums an Jesu Kreuzigung zur Erscheinung bringen." Später symbolisieren dies statt des kosmischen Kreuzes die Darstellungen von Sonne und Mond auf Bildern der Kreuzigung zu beiden Seiten des Gekreuzigten.

Ein Merkmal der irischen, im Freien errichteten Kreuzsteine aus dem 7. bis 12. Jahrhundert ist das kosmische Symbol des Kreises. Er umrundet den oberen

*Apsis der frühchristlichen Basilika Sant' Apollinare in Classe bei
Ravenna. In der Halbkuppel erstreckt sich in alle vier Himmelsrichtungen das kosmische Kreuz mit dem Antlitz Christi im Mittelpunkt. Darüber erscheint die Hand Gottes. Die untere Zone
zeigt den hl. Apollinaris als Orans in Gebetshaltung mit erhobenen Händen zwischen zwölf Lämmern als Symbole der Apostel.*

Teil des „Passionskreuzes" (langer Schaft und kurzer Querbalken). Rund 120 solcher zunächst ornamental mit Flechtwerk, dann auch figürlich ausgestalteten Stein- oder Hochkreuze (bis zu 5 m) sind in Irland (Christianisierung ab dem 5. Jahrhundert, hl. Patrick) sowie in Schottland und Wales erhalten.

Das Kruzifix

Zu den ältesten Darstellungen des Kreuzes mit dem „ans Kreuz gehefteten" (zu lat. *crucifigere,* „ans Kreuz heften") gehört ein Wandgemälde aus dem 8. Jahrhundert in Santa Maria Antiqua in Rom: Jesus mit Kreuznimbus und offenen Augen, waagerecht ausgebreiteten Armen am Querbalken, trägt ein bis zu den Füßen reichendes Gewand. Dem Gemälde entspricht als Bildwerk aus Holz das Imerward-Kruzifix im Braunschweiger Dom (um 1160), benannt nach der Inschrift im Gürtel: *Imervard me fecit* („Imervard hat mich geschaffen"). Zugrunde lag das wundertätige Gnadenbild *Volvo Santox* im Dom von Lucca. Die Ausbreitung von Darstellungen des gewandeten Jesus am Kreuz bis nach Katalonien, Frankreich und England lässt sich darauf zurückführen, dass Lucca eine Station auf dem Pilgerweg nach Rom war; auch Imerward dürfte nach Rom gepilgert sein.

Theologisch liegt den Darstellungen der Kruzifixe mit dem hoheitsvoll gekleideten Jesus Christus mit offenen Augen – „allsehend" und souverän, und zugleich hingerichtet und mit Wundmalen – die Lehre von der göttlichen und menschlichen Natur des inkarnierten

Gottessohns zugrunde. Die Zwei-Naturen-Lehre wurde 451 auf dem Konzil von Chalcedon festgelegt. Ihre Ambivalenz prägte für Jahrhunderte die vielfältigen Gestaltungen der Kruzifixe.

Die Souveränität des Gekreuzigten dominiert beim romanischen Triumphkreuz als Ausdruck des Sieges über den Tod. Dieses monumentale Kruzifix, auch als Kreuzigungsgruppe mit Maria und dem Jünger Johannes, befindet sich im Triumphbogen zwischen Mittelschiff und Chor, meist hängend oder auf dem Triumphbalken, etwa in der Marienkirche von Karenz. Weitere Beispiele enthalten die Dome von Halberstadt (1220) und Freiberg (1225) sowie die Stiftskirche in Wechselburg (auf einem Torbogen im Triumphbogen).

Doch auch die Gestalt des Schmerzensmanns am Kreuz bei Kruzifixen der Gotik hat bereits Vorläufer im Frühmittelalter. Ein ungewöhnlich frühes Werk ist das um 975 vom Kölner Erzbischof Gero gestiftete Gerokreuz im Dom von Köln. Der mit nach vorn geneigtem Haupt und geschlossenen Augen dargestellte, am Querbalken hängende und nur mit einem Lendentuch bekleidete Christus ist ein Inbegriff des Leidens. Mitunter galt das Gerokreuz als Ketzerei.

Während Kruzifixe der Spätgotik den geschundenen Körper des dornengekrönten Jesus zeigen, gibt die Renaissance dem Erlöser eine edle Gestalt. Der Barock bringt beides – Leiden und Überwindung – als dramatisches Wechselspiel zum Ausdruck. Wenn heute ein einfaches Kreuz auf oder neben dem Altar aufgestellt ist, so deutet dies auf einen Vorrang der

Das Haupt des Gekreuzigten mit Dornenkrone als menschlich-übermenschlicher Ausdruck der Leiden des Erlösers. Das „Coesfelder Kreuz" aus dem 14. Jahrhundert mit der Y-Form des Gabelkreuzes erhebt sich über dem Hochaltar der Lambertikirche in Coesfeld westlich von Münster in Westfalen.

Die Triumphkreuzgruppe im Dom Unsere lieben Frauen von Freiberg in Sachsen ist um 1230 entstanden. Sie stammt vom Lettner des romanischen Vorgängerbaus.

Wortverkündigung gegenüber der Bildverkündigung hin, ganz zu schweigen vom heute ins Gespräch gebrachten „Paradigmenwechsel" zu Lasten des Opfer-Todes als Werk der Erlösung.

Themen der christlichen Kunst

Gott

Grundlegend blieb bis in das Mittelalter die biblisch bezeugte, durch Johannes von Damaskus in den Mittelpunkt seiner Bildtheologie gerückte Unsichtbarkeit und Undarstellbarkeit Gottes. Doch ließ sich aus der bildhaften Sprache der Bibel ein Symbol für das Handeln Gottes entwickeln: eine Hand (Abb. S. 24). Zu den biblischen Quellen dieses Bildzeichens gehört beispielsweise das Buch der Weisheit: „Die Seelen der Gerechten sind in Gottes Hand" (Weish 3,1), oder Petrus: „Beugt euch also in Demut unter die mächtige Hand Gottes, damit er euch erhört, wenn die Zeit gekommen ist" (1 Petr 5,6).

Darstellungen des Schöpfers als Christus in jugendlicher Gestalt mit dem göttlichen Kreuznimbus, der schließlich Gott Vater, Gott Sohn und Gott Heiliger Geist kennzeichnet, leiten sich von der Antwort Jesu an den Jünger Philippus her, der gewünscht hat: „Herr, zeig uns den Vater." Jesus entgegnet: „Schon so lange bin ich bei euch und du hast mich nicht erkannt, Philippus? Wer mich gesehen hat, hat den Va-

Das Mosaik aus dem Schöpfungszyklus im Mittelschiff des Doms
von Monreale auf Sizilien (1180) zeigt die Erschaffung der Ge-
stirne am 4. Tag der Schöpfung (Gen 1,14–19). Noch ist der
Schöpfer in der Gestalt Christi dargestellt; er thront auf einer
kosmischen Kugel. Das Firmament mit den „Lichtern des Himmels" wird durch konzentrische Kreise symbolisiert.

ter gesehen" (Joh 14,9) Jesu Wort ist Schöpfungswort (Joh 1,3).

Auch der Weltenrichter beim Jüngsten Gericht (Mt 25,31–46; Offb 20,11–15) hat die Gestalt Christi. So auch im monumentalen Fresko Michelangelos, der aber an der Decke der Sixtinischen Kapelle den Schöpfer dem Credo gemäß als Gottvater, ja als Greis darstellt. Biblische Quellen dieses Gottesbildes sind die Vision des „Hochbetagten" im Buch Daniel und deren Wiederkehr in der Apokalypse: „Ich sah immer noch hin; da wurden Throne aufgestellt und ein Hochbetagter nahm Platz. Sein Gewand war weiß wie Schnee, sein Haar wie reine Wolle" (Dan 7,9; Offb 1,14). Diese Thronfigur trägt im Spätmittelalter eine Kaiserkrone oder die päpstliche Tiara.

Jesus Christus

Es gibt unzählige Altäre mit umfangreichem christologischem Bildprogramm. Ein Beispiel ist der Hochaltar der Pfarrkirche in Bad Wildungen (Nordhessen) des Conrad von Soest, vollendet 1403. Bei geöffneten Flügeln gliedert sich die Bilderzählung in ein mittleres großformatiges Gemälde des Kalvarienbergs sowie zu beiden Seiten zwölf Tafelbilder von der Verkündigung an Maria (Lk 1,26–38) bis zum Jüngsten Gericht mit Maria und Johannes dem Täufer als Fürbitter (Motiv der Deesis).

Darstellungen Jesu als Schmerzensmann werden auch als „Christus in der Rast" bezeichnet. Dieses Werk eines Bildschnitzers aus der Zeit um 1500 befindet sich in der Oberkirche in Görlitz (Sachsen).

Die insgesamt 13 Gemälde des geöffneten Bad Wildunger Altars lassen sich als Kompendium christlicher Symbole betrachten.

(1) Verkündigung an Maria: Maria kniet an einem Lesepult und hält, indem der Engel Gabriel sie mit den Worten „Sei gegrüßt, du Begnadete, der Herr ist mit dir" anspricht, im Lesen inne. Die Seite, die sie noch in der rechten Hand hält, enthält die Weissagung des Jesaja: „Seht, die Jungfrau wird ein Kind empfangen, sie wird einen Sohn gebären und sie wird ihm den Namen Immanuel (Gott mit uns) geben" (Jes 7,14; zitiert in Lk 1,31 mit dem Namen Jesus statt Immanuel). Auf einer Kommode steht eine Vase mit zwei erblühten weißen Lilien als Symbol der Reinheit. Eine Taube durchstößt Marias Nimbus. Sie symbolisiert den Heiligen Geist, denn der Erzengel verheißt als Marias Empfängnis: „Der Heilige Geist wird über dich kommen, und die Kraft des Höchsten wird dich überschatten. Deshalb wird auch das Kind heilig und Sohn Gottes genannt werden" (Lk 1,35).

(2) Geburt Jesu: Den Bericht des Lukas (2,6–7) erweitern die Symboltiere Ochse und Esel im Sinne einer Strafpredigt des Jesaja über die Untreue des Volkes: „Der Ochse kennt seinen Besitzer und der Esel die Krippe seines Herrn; Israel aber hat keine Erkenntnis, mein Volk hat keine Einsicht" (Jes 1,3).

(3) Anbetung der Drei Könige: Die kostbar gekleideten und gekrönten „Sterndeuter" (Mt 2,1–12), die dem Kind Gold, Weihrauch und Myrrhe als Ga-

ben darbringen, verkörpern die Lebensstufen und die drei Erdteile Europa, Asien und Afrika.

(4) Darbringung im Tempel: Eine der beiden Begleiterinnen Marias trägt ein Körbchen mit zwei Vögeln. Dies entspricht dem Bericht des Lukas: Maria und Josef wollten „ihr Opfer darbringen, wie es das Gesetz des Herrn vorschreibt: ein Paar Turteltauben oder zwei junge Tauben" (Lk 2,24). Diese Vorschrift enthält das Buch Levitikus (12,8). Ihre Darstellung symbolisiert Marias Bereitschaft, die mosaischen Kultgesetze zu erfüllen; Jesus wird sie, beispielsweise in der Bergpredigt, auf neue Weise deuten.

(5) Letztes Abendmahl: Hier hält sich Konrad von Soest eng an den Bericht des Johannes mit der Entlarvung des Verräters Judas, dem Jesus einen Bissen Brot reicht (Joh 13,26–30). Judas trägt auf seinem Rücken einen Geldbeutel, denn er hatte „die Kasse" (Joh 13,29). Das symbolisiert zugleich den Lohn des Verräters: Die Hohepriester „kamen mit ihm überein, ihm Geld dafür zu geben" (Lk 22,5).

(6) Gebet am Ölberg: Ein Engel reicht Jesus einen Kelch als Symbol des Leidens, das unmittelbar bevorsteht. Jesus kniete nieder und betete: „Vater, wenn du willst, nimm diesen Kelch von mir! Aber nicht mein, sondern dein Wille soll geschehen" (Lk 22,41–42).

(7) Verhör vor dem Hohen Rat: „Dann spuckten sie ihm ins Gesicht und schlugen ihn" (Mt 26,67).

(8) Dornenkrönung: „Dann legten sie [die Soldaten des Pilatus] ihm einen Purpurmantel um und flochten einen Dornenkranz; den setzten sie ihm auf und grüßten ihn: Heil dir, König der Juden!"

„Die Wiederkehr Christi" (um 526–30), Mosaik in der Apsis von Santi Cosmas e Damiano in Rom. Die Darstellung mit der Gestalt Christi entspricht der heilsgeschichtlichen Szenerie: „Danach wird das Zeichen des Menschensohnes am Himmel erscheinen; dann werden alle Völker der Erde jammern und klagen und sie werden den Menschensohn mit großer Macht und Herrlichkeit auf den Wolken des Himmels kommen sehen" (Mt 24,30; die sog. Matthäus-Apokalypse).

(Mk 15,17–18). Die Dornenkrone als Zerrbild der Königskrone ist eines der Passionswerkzeuge (*Arma Christi* wie die Geißelsäule und das Kreuz).

(9) Kalvarienberg: Das Mittelbild zeigt Jesus am Kreuz zwischen beiden ebenfalls auf Golgotha hingerichteten Räubern. Zu den zahlreichen Figuren gehört der Hauptmann mit dem Spruchband: *Vere filius dei erat* („Wahrhaftig, dieser Mensch war Gottes Sohn", Mk 15,39). Dem Bericht des Johannes folgend, zeigt Conrad von Soest einen Soldaten, der mit einer Lanze Jesus in die rechte Seite stößt, „und sogleich floss Blut und Wasser heraus" (Joh 19,34). Auch diese Lanze gehört zu den *Arma Christi*. Dieses Blut ist in Gestalt der eucharistischen Opfergabe Wein „mein Blut, das Blut des Bundes, das für viele vergossen wird zur Vergebung der Sünden" (Mt 26,28). Auf späteren Darstellungen fängt ein Engel das Blut aus Jesu Seitenwunde in einem Kelch auf. Hier besteht noch engere wörtliche Verbindung zu den Einsetzungsworten der Eucharistie bei Lukas: „Dieser Kelch ist der Neue Bund in meinem Blut, das für euch vergossen wird" (Lk 22,20). Denselben Zusammenhang symbolisiert ein Lamm, das ein Kreuz trägt und aus dessen Brust Blut in einen Kelch fließt.

(10) Auferstehung: Christus entsteigt mit einem Kreuzstab als Symbol des Sieges über den Tod einem Sarkophag, dessen Deckel beiseite geschoben ist. Er symbolisiert Jesu Felsengrab. Eine frei nachgestaltete Quelle enthält der Osterbericht des Matthäus: „Plötzlich entstand ein gewaltiges Erdbeben; denn ein Engel des Herrn kam vom Himmel herab, trat an das Grab, wälzte den Stein weg und setzte sich darauf"

(Mt 28,2). Fünf Wunden (Stigmata) symbolisieren den Tod am Kreuz: zwei Wunden an den Füßen, zwei an den Händen und der Lanzenstich in die Seite.

(11) Himmelfahrt: „Als er das gesagt hatte, wurde er vor ihren Augen emporgehoben, und eine Wolke nahm ihn auf und entzog ihn ihren Blicken" (Apg 1,9). Diese Wolke ist dargestellt als konzentrische Kreise aus Wolkenbändern. Sie überschneiden als Symbol des Himmels den oberen Bildrand.

(12) Pfingsten: „Alle wurden mit dem Heiligen Geist erfüllt und begannen, in fremden Sprachen zu reden, wie es der Geist ihnen eingab" (Apg 2,4). Wie bei der Verkündigung an Maria symbolisiert auch hier eine Taube den Heiligen Geist. Statt in fremden Sprachen zu reden, werden einige der vom Heiligen Geist Erfüllten befähigt, in Büchern zu lesen und Bücher zu schreiben: Zwei der Jünger (Matthäus und Johannes) werden Evangelisten.

(13) Jüngstes Gericht: „Ich sah die Toten vor dem Thron stehen [...] und der Tod und die Unterwelt gaben ihre Toten heraus, die in ihnen waren. Sie wurden gerichtet, jeder nach seinen Werken" (Offb 20,12–13). Die „Herausgabe der auferweckten Toten" bildet den schmalen unteren Teil des Bildes. Darüber wölben sich zwei Regenbogen als Symbole eines Himmelsthrons Christi. Ihn kennzeichnen wiederum die fünf Wunden.

Die Dreifaltigkeit

Das Evangelium nach Matthäus mündet in den Auftrag des Auferstandenen an die Jünger. Er enthält

Albrecht Dürers Allerheiligenbild des Landauer-Altars, vollendet 1511, symbolisiert auf zweifache Weise die Dreifaltigkeit. Einerseits durch das Dreieck eines von Engeln gehaltenen Vorhangs, andererseits durch die Darstellung des Gnadenstuhls: Gottvater hält vor sich das Kreuz, an dem sein Sohn das Erlösungswerk seines Opfertods vollbracht hat; darüber schwebt die Taube des Heiligen Geistes.

den trinitarischen Gottesbegriff: „Darum geht zu allen Völkern und macht alle Menschen zu meinen Jüngern; tauft sie auf den Namen des Vaters und des Sohnes und des Heiligen Geistes" (Mt 28,19). Ihm entspricht das im katholischen wie im protestantischen Gottesdienst gemeinsam gesprochene trinitarische Glaubensbekenntnis.

Die Frage, ob das Christentum mit dem Glauben an den dreifaltigen Gott den alttestamentlichen Monotheismus aufgegeben und sich dem Polytheismus der hellenistischen Umwelt angenähert habe, gehört zu den theologischen Streitfragen bereits im frühen Christentum. Eine der populären Antworten gibt die Legende des hl. Silvester: „‚Sind es nun drei Personen, so ist es doch nur ein Gott, das können wir an einem Beispiel erweisen.' Damit nahm er [Silvester] den Purpur des Kaisers [Konstantin] in die Hand und sprach: ‚Seht, jetzt mache ich drei Falten darein', und machte das Tuch wieder glatt und sprach: ‚Seht, dass die Falten alle ein Tuch sind. Also ist Gott dreifaltig und doch ein Wesen'" (Legenda aurea) Anstelle dieses Wortspiels setzte sich das gleichseitige Dreieck um das Auge Gottes als Symbol der Trinität durch.

Ein vielfältig gestaltetes Thema der Darstellung von Gott Vater, Sohn und Heiligem Geist ist der Gnadenstuhl als Wandgemälde (z. B. von Masaccio in Florenz, Santa Maria Novella, 1422), Tafelbild (Dürers Allerheiligenbild) oder Skulptur. Ein Beispiel enthält der Hochaltar von Johann Nepumuk (Asamkirche, geweiht 1734) in München: Flankiert von Kerubim hält der gekrönte Gottvater mit beiden Händen ein

Kruzifix vor sich, darüber schwebt in einem Strahlenkranz die Taube des Heiligen Geistes.

Maria

Das Marienbild beruht auf neutestamentlichen, legendarischen und dogmatischen Quellen.

Zu letzteren gehört der bereits 431 (Konzil von Ephesos) dogmatisierte griechische Ehrentitel *Theotokos* („Gottesgebärerin"). Griechische Bezeichnung haben auch bestimmte Darstellungen der Madonna, die in der byzantinischen Kunst entstanden und im Westen übernommen worden sind. Dazu gehören die *Hodegetria,* benannt nach dem Kloster Hodegon in Konstantinopel: Maria hält das Kind auf dem linken Arm und weist auf es mit der rechten Hand; *Eleusa* („Barmherzigkeit") oder *Glykophilousa* („Süßküssende"): Maria mit dem Kind, das seine Wange an die Wange seiner Mutter schmiegt; *Galaktotrophousa* („Stillende", lat. *Madonna lactans)*: Maria gibt ihrem Kind die Brust.

Zu den Weiterentwicklungen dieser Ikonen im Westen gehören die Altarbilder der Thronfigur Marias mit dem Kind auf den Knien, umgeben von Engeln *(Majestà),* oder im Mittelpunkt der *Sacra conversazione* („Heiliges Gespräch") mit Heiligen zu beiden Seiten des Throns. Dagegen sitzt die *Madonna de humilitate* („Madonna in Demut") auf einer Wiese; zugrunde liegen die Worte des Magnifikat, die aus der Begegnung Marias mit Elisabeth, der ebenfalls schwangeren Mutter Johannes' des Täufers, stammen: „Denn auf die Niedrigkeit seiner Magd hat er

Um 1510 schuf Tilman Riemenschneider den Marienaltar der Herr-
gottskirche von Greglingen an der Tauber: Die Kapelle wurde 1386–
96 als Wallfahrtskirche erbaut, nachdem ein Bauer beim Pflügen
eine Hostie entdeckt hatte. Die Flügel und die Predella des Altars
widmen sich mit ihren Reliefs dem Marienleben nach den Evangelien

des Matthäus und des Lukas: Verkündigung an Maria, Besuch bei
Elisabeth (linker Flügel); Jesu Geburt im Stall von Bethlehem, Darbringung im Tempel (rechter Flügel); Huldigung der Könige, der
zwölfjährige Jesus im Tempel (Predella). Dem Schrein liegt die Ma-
rienlegende zugrunde: Himmelfahrt, darüber die Krönung Mariä.

geschaut. / Siehe, von nun an preisen mich selig alle Geschlechter" (Lk 1,48).

Ein Typus des Marienbilds, das zunächst ebenfalls auf dem Evangelium nach Lukas beruht, ist die Schmerzensmutter (lat. *Mater dolorosa*). Simeon weissagt Maria bei der Darbringung des Jesuskindes im Tempel von Jerusalem: „Dieser ist dazu bestimmt, dass in Israel viele durch ihn zu Fall kommen und viele aufgerichtet werden, und er wird ein Zeichen sein, dem widersprochen wird. Dadurch sollen die Gedanken vieler Menschen offenbar werden. Dir selbst aber wird ein Schwert durch die Seele dringen" (Lk 2,34–35). Dieses Schwert (mitunter die sieben Schwerter der Sieben Schmerzen Mariä) durchdringt auf Darstellungen der Schmerzensmutter die Brust Marias. Als Schmerzensmutter gilt Maria auch auf Darstellungen der Kreuzigung und Beweinung Jesu (Pietà, Vesperbild).

Die als Gemälde oder Schnitzwerk gestaltete „Schutzmantelmadonna", z. B. in der Stadtkirche St. Annen in Annaberg-Buchholz, mit einer Vielzahl von Figuren unter dem ausgebreiteten Mantel, ist außerbiblischen Ursprungs. Das Motiv, das seit dem 13. Jahrhundert nachweisbar ist, geht auf den mittelalterlichen Rechtsbrauch des Mantelschutzes zurück.

Jüngste Mariendogmen sind die *Immaculata conceptio Mariae* („Unbefleckte Empfängnis Marias", 1854; Fest am 8. Dezember) und die *Assunta* („Aufnahme", leibliche Himmelfahrt Mariens, 1950; Fest am 15. August). Beide Dogmen stehen am Ende einer langen bildkünstlerischen Tradition der Buchmalerei, dann der Altarkunst. Die Immakulata-Ikonographie

Das Gnadenbild der Immakulata auf dem Hochaltar der Wallfahrtskirche *Ave Maria* bei Deggingen (Landkr. Göppingen)
stammt von einem namentlich nicht überlieferten Meister des
15. Jahrhunderts. Attribute (nach der Ikonographie der schwangeren apokalyptischen Frau; Offb 12,1) sind die als Strahlen dargestellte „Bekleidung mit der Sonne" und die Mondsichel zu ihren
Füßen.

mit der Madonna auf der Weltkugel, die von einer Schlange umwunden wird, verwendet Motive der „Apokalyptischen Frau": „Dann erschien ein großes Zeichen am Himmel: eine Frau, mit der Sonne bekleidet; der Mond war unter ihren Füßen und ein Kranz von zwölf Sternen auf ihrem Haupt" (Offb 12,1). Als Gestalt verkörpert die Immakulata inmitten eines Strahlenkranzes die erlöste Schöpfung.

Die Himmelfahrt Mariens ist Bestandteil des Marienlebens, das apokryphe, also nicht in den Kanon der Bibel aufgenommene Schriften schildern. Die legendarischen Texte handeln von der Vorgeschichte der bei Lukas mit der Verkündigung an Maria beginnenden Geschichte der Mutter Jesu Christi und handeln von Marias Eltern Anna und Joachim, von Marias Geburt, Tempelgang, Tempeldienst und Verlobung mit Josef. In den Evangelien endet die Geschichte Marias unter dem Kreuz: „Als Jesus seine Mutter sah und bei ihr den Jünger, den er liebte, sagte er zu seiner Mutter: Frau, siehe, dein Sohn! Dann sagte er zu dem Jünger: Siehe, deine Mutter! Und von jener Stunde an nahm sie der Jünger [Johannes] zu sich" (Joh 19,26–27).

Im 1. Kapitel der Apostelgeschichte bilden die Jünger eine Gemeinschaft „zusammen mit den Frauen und mit Maria, der Mutter Jesu, und mit seinen Brüdern" (Apg 1,14). Dies legitimiert Darstellungen der Himmelfahrt und des Pfingstwunders mit Maria.

Alle übrigen Marienbilder nach dem Tod Jesu gründen sich, wie die Beweinung Jesu (Pietà) und die Erscheinung des Auferstandenen vor Maria auf Legenden. Letzteres ist Thema auf zahlreichen Osteraltären, und

Ein Beispiel aus der Geschichte der Wallfahrt im Mittelalter: Holzschnitt von Michael Ostendorfer mit einer Darstellung der *Wallfahrt zur „Schönen Madonna" bei Regensburg*, um 1520. Die Pilger scheinen außer sich geraten zu sein, sie umarmen die Mariensäule, werfen sich zu Boden oder fallen auf den Rücken. Zeitgenössische Berichte überliefern, dass einige Pilger vor dem Marienbild ihre Kleider zerrissen. Die Kirche im Hintergrund wurde bald durch einen neuen, prächtigen Bau ersetzt, der von den Opferpfennigen der Pilger errichtet wurde.

Jacobus de Voragine stellt in seiner *Legenda aurea* fest, „dass er Maria, seiner Mutter, erschien vor allen anderen, das glaubt man gewisslich, obwohl die Evangelisten davon schweigen." Zu den zahlreichen Glaubensgewissheiten, welche diese ab dem späten 13. Jahrhundert verbreitete Sammlung von Legenden enthält, gehören Maria und die Heilige Sippe, ihr Sterben im Kreis der Apostel und die Aufnahme in den Himmel sowie die Marienkrönung. Diese ist im Spätmittelalter das Thema großartiger Schnitzwerke, beispielsweise von Michael Pacher im Schrein des Hochaltars der Pfarrkirche von St. Wolfgang im Salzkammergut (1474–81).

Die Wurzel Jesse

Das Bild der Madonna erscheint im Wipfel eines Baumes mit der Bezeichnung „Jessebaum" oder „Wurzel Jesse" als Stammbaum Jesu. Zugrunde liegt die messianische Weissagung des Jesaja (mit Isai als Name des Vaters von David, gleichbedeutend mit Jesse): „Doch aus dem Baumstumpf Isais wächst ein Reis hervor, / ein junger Trieb aus seinen Wurzeln bringt Frucht" (Jes 11,1). Diese Sprachbilder führten zur Darstellung des schlafend am Boden liegenden oder thronenden Jesse. In seinem Körper wurzelt ein Baum mit Blüten, aus denen die Vorfahren Jesu sprießen, beginnend mit David, und mit Gestalten aus Jesu Genealogie (in Mt 1,1–17 und Lk 3,23–28); Paulus adaptiert die Weissagung im Brief an die Gemeinde in Rom, indem er verkündet: „Kommen wird der Spross aus der Wurzel Isais; er wird sich erheben, um über die Hei-

Ausschnitt aus dem Wurzel-Jesse-Fenster des Glasmalers Engrand Le Prince in der Kathedrale Saint-Etienne (St. Stephanus) von Beauvais, um 1525. Es zeigt König Salomo, der Enkel des Jesse (Isai) und Sohn von Bathseba und David, als einen der Vorfahren Jesu (Mt 1,6).

den zu herrschen. Auf ihn werden die Heiden hoffen" (Röm 15,12). Die Verbindung von alt- und neutestamentlichen Quellen kennzeichnet den typologischen Charakter von Darstellungen der Wurzel Jesse. Sie

sind ein Thema der Buchmalerei (z. B. in Stunden-
büchern am Beginn der Marienmesse), der Deckenmalerei (Hildesheim, St. Michael, um 1250) und der
Glasmalerei (Fenster der Westfassade der Kathedrale von Chartres, um 1160) oder als Skulptur: Das
sog. *Jesse-Window* an der Nordseite der Abteikirche
Saint-Peter-and-Paul in Dorchester-on-Thames (Graf-
schaft Oxfordshire) besitzt als feingliedrig gemeißelte
Sprossen eine Wurzel Jesse mit Davids Vater auf der
Fensterbank. Ein Beispiel für die typologische Verbindung zwischen Altem Testament, Neuem Testament
und Kirchengeschichte zeigt der ehemalige Hochaltar
der Frankfurter Dominikanerkirche: Auf den Außenseiten der Flügel korrespondieren spiegelbildlich die
traditionelle Wurzel Jesse und ein Stammbaum des
Predigerordens mit dem hl. Dominikus als zweiter Isai
(Hans Holbein d. Ä., 1501; Frankfurt a. M., Städel).

Zusammenfassung: die Typologie

Bereits das Neue Testament enthält die Verbindung
zwischen Altem und Neuem Testament im Sinne von
Verheißung und Erfüllung: Etwas geschieht, „damit
die Schrift erfüllt wird". Eines der offenkundigsten
typologischen Hinweise ist das „Zeichen des Jona" bei
Matthäus: „Denn wie Jona drei Tage und drei Nächte im Bauch des Fisches war, so wird auch der Menschensohn drei Tage und drei Nächte im Innern der
Erde sein" (Mt 12,40). Das heißt zugleich: Die Rettung des vom Fisch wieder ausgespieenen Propheten

(Jona 2,11) ist der „Typus", die Präfiguration der Auferstehung Christi als „Antitypus".

Auf der Typologie basierte im Mittelalter der theo-
logische und demzufolge auch künstlerische Umgang
mit der Bibel unter der Voraussetzung, das Alte Testament enthalte, wenn auch „verdeckt", das Neue Testament; dies nicht zu erkennen sei Folge der spiriutel-
len Blindheit der Juden (Attribut der Augenbinde der
Synagoge als Personifikation des Judentums).

Ein Lehrbeispiel der Typologie ist der nach seinem
heutigen Standort in der Leopoldikapelle des Chorherrenstifts Klosterneuburg bei Wien benannte Klosterneuburger Altar (um 1180). Er zeigt in drei Reihen jeweils 17 Emailleplatten aus der Werkstatt des
Nikolaus von Verdun. Die obere Reihe zeigt alttestamentliche Typen aus der Zeit „vor dem (mosaischen)
Gesetz" *(ante legem)*, also aus dem Buch Genesis. Die
untere Reihe widmet sich den symbolischen Typen
aus der Zeit „unter dem Gesetz" *(sub legem)*, also ab
dem Buch Exodus. Die mittlere Reihe schildert die
zugehörigen neutestamentlichen Antitypen als Ereignisse „im Zeichen der Gnade" *(sub gratia)*.

So handelt die 1. Spalte von der Verheißung eines
Kindes: Die obere Emailleplatte zeigt die als Engel
dargestellten „drei Männer", die Abraham und Sarah
durch die Prophezeiung ihres Sohnes Isaak in Erstau-
nen versetzen (Gen 18). Zuunterst kündet ein Engel
der (namenlosen) Frau des Menoach die Geburt des
Simson an. Zugrunde liegt das 13. Kapitel im Buch der
Richter und somit ein Ereignis *sub legem*. Beide Szenen
weisen aus typologischer Sicht auf die Ankündigung

der Geburt Jesu voraus. Dies berichtet Lukas im 1. Kapitel als Beginn der Heilsgeschichte *sub gratia*.

Ein weiteres Beispiel ist die 15. Spalte mit der Taube des Noah und der Gesetzgebung am Sinai als Typen der Herabkunft des Heiligen Geistes an Pfingsten als Antitypus. In Spalte 4 sind Abraham und Melchisedek (Gen 14,17–20) sowie die Königin von Saba (1 Kön 10) die Typen zur Anbetung der drei Sterndeuter (Mt 2) als Antitypus. In Spalte 5 dienen der Durchzug durch das Rote Meer (Ex 14,15–22) und das Eherne Meer (1 Kön 7,23–26) als Typen zum Antitypus der Taufe Jesu. Spalte 7: Opfer des Melchisedek / Manna in der Bundeslade / Abendmahl. Spalte 9: Opferung Isaaks / Kundschafter mit der Weintraube / Kreuzigung. Spalte 14: Entrückung des Henoch (Gen 5,24) / Entrückung des Elija (2 Kön 2,11) / Himmelfahrt Christi (Lk 24,51; Apg 1,9).

Ein typologischer Zusammenhang besteht zwischen Psalm 23 „Der gute Hirt" und Jesu Selbstzeugnis als Guter Hirt (Joh 10,1–21).

Schließlich beruhen die vier Evangelistensymbole, die der Kirchenvater Hieronymus den vier Evangelisten zugeordnet hat, auf den *Tetramorphen* („Viergestalten") in der Gottesvision des Ezechiel (Ez 1,5–21), die als „vier Lebewesen" in der Gottesvision des Johannes auf Patmos wiederkehren (Offb 4,7).

Die Heiligen

Die typologische Verbindung zwischen Altem und Neuem Testament findet in der christlichen Kunst ihre kirchengeschichtliche Fortführung in den Geschichten der Heiligen. Hier sei nochmals die „Bilder-Theologie" des Johannes von Damaskus zitiert: Die Verehrung, die Maria erwiesen wird, „bezieht sich auf den, der aus ihr Fleisch geworden. Ebenso spornen uns die Heldentaten der heiligen Männer zur Mannhaftigkeit, zum Eifer, zur Nachahmung ihrer Tugend und zum Preise Gottes an. Denn, wie gesagt, ‚die Ehre, die wir den Edelgesinnten unseren Mitknechten erweisen, ist ein Beweis der Liebe gegen den gemeinsamen Herrn' (Basilius) und ‚die Ehre des Bildes geht auf das Urbild über' (Basilius). Es ist dies jedoch eine ungeschriebene Überlieferung wie auch die Anbetung gegen Aufgang und die Verehrung des Kreuzes und sehr viel anderes dergleichen [...] Dass aber die Apostel auch sehr vieles ungeschrieben überliefert haben, schreibt der Völkerapostel Paulus: ‚Seid also standhaft, Brüder, und haltet an den Überlieferungen fest, in denen wir euch unterwiesen haben, sei es mündlich oder durch einen Brief' (2 Thess 2,15)."

Darstellungen der Heiligen erscheinen in den Kirchen als Statuen, Werke der Glas- und Wandmalerei sowie auf Altären, sei es als Figuren im Schrein, sei es als Tafelmalerei auf den Flügeln. Ein Altar kann aber insgesamt einzelnen Heiligen oder einer Gruppe gewidmet sein. Ein Beispiel ist der Magdalenenaltar der

Pfarrkirche von Tiefenbronn im Nordschwarzwald von Lucas Moser (vollendet 1431). Zugrunde liegt die Legende der Maria aus Magdala bzw. der hl. Maria Magdalena. Ihre Legende ist Bestandteil der kalendarisch nach den Kirchenfesten sowie den Festtagen der Heiligen gegliederten Sammlung *Legenda aurea* („Goldene Legende") des Dominikaners Jacobus de Voragine. Seine (um 1270 abgeschlossene) Sammlung der überlieferten Heiligen-Legenden ist somit ein Führer durch das Kirchenjahr, beginnend mit der Legende des Apostels Andreas (Fest am 30. November), und gleichzeitig die wichtigste Quellen der Heiligen-Ikonographie.

Die Erkennungszeichen (Attribute) der Heiligen dürfen auch heute noch als bekannt vorausgesetzt werden, sofern sie sich aus der Bibel herleiten (z. B. die Schlüssel des Petrus nach der Schlüsselübergabe, Mt 16,19) oder auf besonders populäre Legenden verweisen. Dies gilt etwa für die Darstellung des hl. Christophorus, der das Christuskind auf dem Rücken trägt, oder des hl. Georg im Kampf mit dem Drachen. Christopherus und Georg sind zwei der 14 Nothelfer. Zu ihnen gehören auch der hl. Dionysius (Saint-Denis) und der hl. Pantaleon. Weshalb dieser als Attribut ein Uringlas hält und jener seinen Kopf unter dem Arm trägt, ergibt sich aus ihren Legenden.

1305/06 stattete Giotto die Arenakapelle (Cappella degli Scrovegni) in Padua vollständig mit Wandgemälden aus. Dazu gehören Szenen aus dem Marienleben aus dem apokryphen, d. h. nicht in die Bibel aufgenommenen „Protoevangelium des Jakobus". Es beginnt mit Marias Eltern Anna und Joachim, denen ein Engel an getrennten Orten die Geburt einer Tochter verheißt. Daraufhin begegnen sich Anna und Joachim an der Goldenen Pforte von Jerusalem. Diese, hier in einem Ausschnitt wiedergegebene Szene, wurde als Symbol der unbefleckten Empfängnis Marias durch Anna gedeutet (Fest am 8. Dezember). Giotto vermenschlichte dieses Wunder durch den Kuss, der Anna und Joachim verbindet.

Zu den Skulpturen der barocken Hofkirche in Dresden gehört der hl. Ambrosius mit einem Buch als Attribut (Fest am 7. Dezember). Der 394 gestorbene Bischof von Mailand und Verfasser von Hymnen und des „Ambrosianischen Lobgesangs", gilt als Begründer des Kirchengesangs. Ambrosius gehört zu den vier großen lateinischen Kirchenvätern.

Die Farbsymbolik

Die Sakramente

Ein Triptychon des Rogier van der Weyden aus der Zeit um 1455 (Antwerpen, Königliche Museen der Schönen Künste) ist den Sieben Sakramenten gewidmet. Ihnen sind Engel zugeordnet, deren Gewänder das jeweilige Sakrament farbsymbolisch repräsentiert.

Hier ist Weiß als Farbe der Unschuld die Farbe des Taufsakraments. Der Engel der Firmung ist gelb gekleidet, der Engel der Buße rot (Farbe der Liebe des Erlösers zum reuigen Sünder). Die Mitteltafel zeigt den Blick in das Mittelschiff einer gotischen Kirche mit einem Kruzifix im Vordergrund und einen Altar im Hintergrund, an dem ein Priester die Oblate erhebt. Es ist der Ritus der Konsekration in der Feier der Eucharistie. Ihr ist Grün als Farbe der Hoffnung zugeordnet. Auf der rechten Tafel symbolisiert Violett (Standhaftigkeit) die Priesterweihe, Blau (Treue) das Sakrament der Ehe und Schwarz (Tod) die Letzte Ölung.

Die Sieben Sakramente der katholischen Kirche Taufe, Eucharistie, Firmung, Ehe, Buße, Krankensalbung (früher Letzte Ölung) und Weihe, aber auch die beiden evangelischen Sakramente Taufe und Abendmahl haben vielfältigen Eingang in die Bildwelt auch der Kirchen gefunden.

Die Paramente

Hergeleitet von lat. *parare mensam* („den Tisch berei-
ten"), bezeichnet der Begriff Paramente die liturgischen Textilien insgesamt. Dazu gehören die gewe-
ten und mit Stickereien versehenen Antependien der
Altäre, die Wandbehänge, Vorhänge (z. B. zur Ver-
hüllung des Altars in der Fastenzeit, früher durch das
Hunger- oder Fastentuch während der Passionszeit),
die Altarparamente (siehe Glossar) sowie die Gewänder der Personen, die an der Durchführung des Gottesdienstes beteiligt sind. Ihr Ornat gibt die jeweilige
Funktion zu erkennen sowie den Rang des Gottesdienstes im Zyklus der Sonntage und Festzeiten des
Kirchenjahrs. Dem vielfältigen Ornat der kath. Kirche
nähert sich die ev. Kirche insofern behutsam an, indem
es den Geistlichen freigestellt ist, über dem schwarzen
Talar mit weißem Beffchen (beim sog. Hamburger
oder Lübecker Ornat mit weißer Halskrause) eine far-
bige Stola zu tragen. Grundbestand des kath. Ornats
auch für die Messdiener und Messdienerinnen ist die
knöchellange Albe (von lat. *alba,* „weiß"). Als erstes jedoch legt der kath. Priester das Schultertuch um, ein
quadratisches Leinentuch, das wie die meisten Paramente ein Kreuz, hier: eingestickt, ziert. Es wird auch
Amict oder Humerale genannt und wurde im Mittelalter als Kapuze getragen; mit gestickten Borten heißt
es Parura. Die Albe geht auf die römische Tunika zurück, unter ihrem Spitzensaum und -ärmel sieht man
das Schwarz der Soutane des Priesters oder das Rot
des Talars eines Prälaten oder Bischofs, der zur Ver-

kündigung Mitra und Stab trägt, während des Wortgottesdienstes den Pileolus (Käppchen), den er zur
Präfation (für die Eucharistiefeier) ablegt. Zur Albe
gehört eigentlich ein Gürtel, das Cingulum. Es hat wie
alle liturgischen Gewänder eine starke Symbolik, hier
die der Bereitschaft und des Aufbruchs (Ex 12,11; Lk
12,35 f.). Beim Anlegen jedes Gewandstückes sprach
der Zelebrant früher ein bestimmtes Gebet, hier um
Glauben und Reinheit. Als nächstes wird die Stola um-
gelegt (der Diakon trägt sie quer von links nach rechts,
der Priester über die Schultern nach vorne), Zeichen
der Amtsvollmacht des Priester zur Sakramenten-
spendung. Zum Schluß folgt das Messgewand, das
sich von der Kasel zur seitlich beschnittenen gotischen
Kasel und der Barockkasel, der sogenannten „Baßgei-
ge" aus zwei gleichgeschnittenen Teilen für vorne und
hinten, entwickelt hat.

Jüngste Regeln für die liturgischen Farben der Paramente entwickelten sich im Zusammenhang der
Liturgiereform des Zweiten Vatikanischen Konzils
(1962–65). Weiß ist demnach die Farbe der Hochfe-
ste (Herren- und Marienfeste), Rot als Farbe des Heiligen Geistes dominiert an Pfingsten und als Farbe
des Blutes an Festen der Märtyrer. Violett symbolisiert jetzt Buße (Fastenzeit vor Weihnachten und vor
Ostern). Dies gilt auch für die liturgischen Farben der
ev. Kirche, die ebenfalls Pfingsten mit Rot verbindet.

Im Übrigen sind die Paramente seit jeher Aufgaben
christlicher Textilkunst mit dem Ziel, das sinnliche
Farbempfinden mit der Sinnlichkeit v. a. der katholischen Liturgie und Kirchenkunst zu verbinden.

Glossar

Abendmahl, 1. (hist.) nach dem von Jesus vor seinem Kreuzestod mit seinen Jüngern als „Letztes Abendmahl" gefeierten Pascha (jüd. Ostern), bei dem Jesus die Opfergaben Brot und Wein einsetzte („Dies ist mein Leib ... Dies ist mein Blut ...) und seine Jünger aufforderte, dieses „zu meinem Gedächtnis" weiter zu begehen (Mt 26; Mk 14; Lk 13, 1 Kor 11), wurde dieses als Herrenmahl (Paulus) zum zentralen Gottesdienst der Christen.
2. In der kath. Liturgie als Feier der Eucharistie in der Messe das vierte der Sieben Sakramente, im Protestantismus als Abendmahlsfeier (mit dem Empfang von Brot und Wein, lutherisch: *wirklich* [Realpräsenz], reformiert: *symbolisch* Leib und Blut Christi) neben der Taufe das zweite der beiden Sakramente. 59, 84, 136, 163, 180

Abtei, von Abt oder Äbtissin geleitetes Kloster. 86, 134

Acheiropoíeton (griech. „nicht von Hand gemacht"), auf übernatürliche Weise entstandenes Abbild, z. B. das „Schweißtuch [Christi] der hl. Veronika". Es befindet sich als Symbol der Kreuztragung auf Altarbildern mit den Arma Christi.

Altar (lat. *altare,* „Aufsatz auf dem Opfertisch"), im Christentum der „Tisch des Herrn" (1 Kor 10,21). An ihm wird in der kath. Liturgie das Altarsakrament der Eucharistie zelebriert. In der Altarplatte ist das Sepulcrum die Reliquiengruft. Im Kirchenraum unterscheidet sich der Hochaltar im (abgegrenzten, erhöhten) Altarraum oder Chor von Nebenaltären. 8, 40, 42, 45, 47, 53, 55, 58–72, 80 f., 96, 145, 146, 162 ff., 181, 185, 188, Abb. S. 61, 65, 69, 170

Altarinsel, im Zentralbau der in die Mitte gerückte und erhöhte Standort des Hochaltars. Kennzeichnend für den modernen Kirchenbau, v. a. im Zusammenhang mit der vom Zweiten Vatikanischen Konzil (1962–65) beschlossenen Liturgiereform. 145, Abb. S. 153

Altarschrein, beim Flügelaltar das mittlere Gehäuse mit Figuren, z. B. einer Kreuzigungsgruppe oder Heiligen. 64, 181, Abb. S. 65, 69, 170

Ambitus, (lat. „Umgang"), im Kirchenbau der Chorumgang.

Altargeräte und -paramente siehe Korporale, Kelch, Kelchtüchlein, Löffelchen, Patene, Palla, Kelch(-Velum), Bursa, Ziborium, Monstranz, Ostensorium, Rauchfaß

Ambo, (lat. „Erhöhung"), ursprünglich mit Chorschranken verbundenes Podest mit Lesepult. Als solches heute wieder in der kath. Liturgie im Gebrauch: Der Ambo dient den Schriftlesungen und der Predigt im Wortgottesdienst, dem die Feier der Eucharistie folgt (vgl. Kanzel). 54, 76, 80

Antependium, -dien (zu lat. *ante pendere,* „vorn herabhängen"), die zunächst textile, dann aus Holz oder Metall mit Treibarbeit gefertigte Vorderseite des Altars. Aus dem Altarvorsatz entwickelte sich der Altaraufsatz Retabel. 63, 186

Apostelkreuze o. **Apostelleuchter,** zwölf an den Kirchenwänden angebrachte Kreuze o. Leuchter, die daran erinnern, dass Jesus seine Kirche auf die zwölf Apostel aufgebaut hat. Bei der Weihe der Kirche wurden diese Stellen vom Bischof mit Chrisam (vom Bischof geweihtes Öl für Tauf- und Weihespendung) gesalbt. Am Kirchweihfest brennen die Apostelkerzen.

Apsidiole, kleine Apsis

Apsis, auch **Apside**, -den (griech „Rundung"), in den spätantiken Anfängen des Kirchenbaus als Basilika eine geräumige halbrunde Erweiterung an der meist östlichen Schmalseite für den Klerus (mit der Kathedra des Bischofs) und dem Altar. 44–47, 62, 96, Abb. S. 95, 153

Architrav, (griech.-lat.) Hauptbalken, auf einer Stützenreihe (z. B. Säulen-Kolonnade, dann Epistyl) ruhender Horizontalbalken. 96

Archivolte (lat. *arcus* „Bogen", *volutus* „gedreht"; ital. *archivolto* „Oberbogen"), Bogenlauf; beim Stufenportal in der Romanik und Gotik eine rund- bzw. spitzbogige, stark profilierte und mit Bauplastik versehene Verbindung der reich gegliederten Gewände; hier rahmen die Archivolten das Tympanon. 15, 17, 19, Abb. S. 14

Arkade (lat. *arcus* „Bogen"; daraus *arcatura* „Bogenstellung"), Arkatur; ein Bogen, der sich auf zwei Pfeiler oder Säulen stützt. Eine fortlaufende Reihe von Bogenstellungen, z. B. in der Basilika, wird auch als Arkade – im Singular wie im Plural – bezeichnet. 40, 95 f., Abb. S. 34, 41, 95, 115 f., 141

Arma Christi, aufgrund der Doppelbedeutung von lat. *arma* als „Waffen" und „Wappen" die Passionswerkzeuge in Jesu Leidensgeschichte, auch als Attribute Christi. Dazu gehören Geißelsäule und Dornenkrone, der Hammer und die Nägel der Kreuzannagelung, das Kreuz, der Stab mit Essigschwamm und die Lanze, mit der ein Soldat (in einer Legende mit Namen Longinus) Jesus die Seitenwunde zufügt. Auf Darstellungen des Jüngsten Gericht weisen Engel die Arma Christi vor.

Aspergill (zu lat. *aspergere*, „besprengen"), perforierter Behälter für Weihwasser, mit dem der Priester die Gläubigen besprengt. Dieser kath. Ritus der Asperges ist eine

Segenshandlung, vgl. Psalm 51,4: „Wasch meine Schuld von mir ab, / mach mich rein von meiner Sünde!"

Atrium, -rien (lat. *ater,* „schwarz"), ursprünglich der vom Rauch der Herdstelle geschwärzte Hauptraum im römischen Wohnhaus mit offenem Mittelteil des Dachs, dann der ummauerte Vorhof der frühchristlichen Basilika. 10–13, Abb. S. 12

Attribut (lat. *attributum,* „das Zugeteilte"), die Identifizierung von Personen erleichternde Gegenstände, Pflanzen, Tiere. So sind die Evangelistensymbole Attribute der Evangelisten, die Apostel sind aufgrund ihrer Legenden durch die jeweilige Hinrichtung gekennzeichnet (z. B. Paulus durch ein Schwert). Die Waage ist ein Attribut des Erzengels Michael als Seelenwäger beim Jüngsten Gericht. 81, 180, 185

Baptisterium, -rien (zu griech. *baptizein,* „untertauchen, taufen"), die meist oktogonale, Johannes dem Täufer geweihte Taufkirche mit Taufbecken für die Immersion. 77, 100

Barock und **Rokoko** 129–137, Abb. S. 12, 46, 57, 129 f., 133, 135, 184

Basilika, -ken (zu griech. *stoa basiliké,* „Königshalle"), 1. ursprünglich Amtsgebäude, dann Gerichts- und Markthalle. Aufgrund ihrer Eignung als Versammlungsstätte entstand aus der profanen Basilika der spätantike christliche Sakralbau mit einem erhöhtem Mittelschiff zwischen zwei niedrigen Seitenschiffen. Dieses von oben durch die Fenster des Lichtgadens in der Hochwand erhellte Mittelschiff führt zur Apsis; Arkaden trennen es von den Seitenschiffen. Diese basilikale Gliederung blieb für Jahrhunderte eine ständig modifizierte Grundform der Kirche als Richtungsbau. 93–99, 105, Abb. S. 95

2. Kirche mit hohem kirchlichem Rang. In Rom befinden sich fünf Patriarchalbasiliken mit päpstlichem Altar, z. B. die Basilica San Giovanni in Laterano und die Basilica San Pietro in Vaticano, in Assisi zwei (z. B.San Francesco).

Beichtstuhl 82–84

Bilderverbot 148

Bilderverehrung 149

Bücher, liturgische, enthalten die zur gültigen Feier der kath. Messe, Sakramenten- und Sakramentalienspendung verbindlichen Texte. Für die Zelebration der Messe gab es ursprünglich ein Lektionar für die Lesungen, ein Evangeliar für die Evangelien und ein Messbuch für alle anderen liturgischen Texte und Gebete; alte Messbücher können aber auch alle Texte enthalten. Heutige Lektionare enthalten alle biblischen Lesungen der hl. Messe, dem Ablauf des Kirchenjahres und der Lesejahre entsprechend.

Bursa (lat. „Börse"), Etui für das Korporale bei der kath. Messe.

Campanile (zu ital. *campana,* „Glocke"), freistehender Kirchturm mit Geläut, vor allem in Italien. 28, Abb. S. 29

Cantoria, -rien (zu ital. *cantare,* „singen"), freistehende Sängertribühne oder Sängerkanzel. 57

Chor (lat. *chorus* zu griech. *choros,* „Reigentanz, Gesang der Tänzer"), in Kirchen ein erhöhter, dem Klerus vorbehaltener Bereich mit Altarraum. 44–47, 114, Abb. S. 61

Chorgestühl, zwei Sitzreihen seitlich im Chor für den Klerus im Gottesdienst bzw. in Klosterkirchen für die *vita communis* der Mönche oder Nonnen beim achtmaligen Stundengebet. 47–52, Abb. S. 49

Chorschranken, Abgrenzung zwischen Chor und Chorumgang (Ambitus) sowie Gemeinderaum. 47, 76, Abb. S. 46

Christliche Spätantike 93–100, Abb. S. 11, 95, 97, 99, 153, 164

Deesis (griech. „Bitte, Fürbitte"), Maria und Johannes der Täufer, die bei Christus als Weltenrichter Fürbitte für die Menschen leisten. Die Gruppe gehört zum Bildprogramm des Ikonostas und bei Darstellungen des Jüngsten Gerichts.

Dom (lat. *domus ecclesiae,* „Haus der Kirche"), zunächst die Bischofskirche und die Wohnungen des Klerus (Domkapitel), auch Stiftskirche, heute allgemein die besonders große Kirche (ital. *duomo).*

Doppelturmfassade, häufig Merkmal der bischöflichen Kathedrale.

Doxale 48, 50

Empore (althochdt. *in bore,* „in die Höhe"), zum Mittelraum offenes Zwischengeschoss. Im Mittelalter nahmen Frauen in der Kirche auf der Empore Platz. Orgeln befinden sich auf der Orgelempore über dem Eingangsbereich. 56 f., Abb. S. 57

Epistelseite (lat. *epistulae,* „Briefe"), Männerseite; aus Sicht der Gemeinde rechte Seite neben dem Altar. Hier erfolgte die Schriftlesung aus der Apostelgeschichte und den Briefen der Apostel. 54, 135

Epitaph, -ien, ursprünglich Grabinschrift (griech. *epitaphion),* dann ein vom Grab losgelöstes Erinnerungsmal in der Kirche als Gemälde oder Relief. 92

Eucharistie (aus griech. *eu,* „gut", und *charis,* Dank), wörtl. Danksagung (an Gott Vater), ist die Hauptform des kath. Gottesdienstes (Liturgie), zurückgehend auf das Letzte Abendmahl Jesu mit seinen Jüngern. In der Wandlung (Konsekration) werden aus Brot und Wein die Opfergaben Leib und Blut Jesu Christi. Der Empfang dieses Altarsakramentes in Form der konsekrierten Hostie ist die Kommunion (gelegentlich auch „in beiderlei Gestalt", also mit Kelchkommunion). Da die kath. Kirche über die Realpräsenz (wirkl. Gegenwart Christi in den konsekr. Gestalten von Brot und Wein, in der lutherischen Kirche auf die Abendmahlfeier beschränkt) hinaus an eine Verwandlung des *Wesens* von Brot und Wein in Leib und Blut Christi glaubt (Transsubstantiation), wird die konsekrierte Hostie (auch Allerheiligstes oder Eucharistie genannt) im Tabernakel oder Sakramentshäuschen verwahrt und in der Monstranz verehrt. 15, 70, 72, 136, 145, 187

Evangelienseite, Frauenseite 54, 135

Ewiges Licht, in der kath. Kirche eine vor oder in unmittelbarer Nähe des Tabernakels brennende Kerze oder Öllampe (oft in Form einer Ampel). Es zeigt an, wo die geweiten Hostien bzw. das Allerheiligste aufbewahrt werden; der Katholik macht davor eine Kniebeuge.

Exedrea (griech.), nischenartiger Raum, der sich z. B. auf eine Halle hin öffnet. 95

Farbsymbolik 185

Fiale (zu frz. *fiole,* „Töchterchen"), im Kirchenbau der Gotik die schlanken Türmchen auf Portalen und Stützpfeilern des Strebewerks. 114, Abb. S. 115

Figurenkapitell, in der Romanik durch allegorische Gestalten und Szenen aus der Bibel und den Legenden ausgestaltetes Kapitell.

Formsymbolik 146

Fresko 127 f.

Fries, schmaler Streifen zur Um -und Abgrenzung, Gliederung und Verzierung von Architekturteilen 19

Frühmittelalter 101-104, Abb. S. 36, 102

Gesprenge turmartiger Aufbau des spätgotischen Flügelaltars aus reich gegliedertem Schnitzwerk, in das Figuren eingefügt sind. 66, 69, 184, Abb. S. 65

Gewände, an Fenstern und Portalen der seitlich schräg geführte Einschnitt in die Mauer, im Gegensatz zum rechtwinkligen Einschnitt der Laibung. 15, 90

Gewändefigur, die figürliche Bauplastik am Gewände der Portale, v. a. im romanischen und gotischen Kirchenbau. 15, 20 f., Abb. S. 18

Gewölbe (althochdt. *welben,* „wölben"), eine im Querschnitt bogenförmige Decke, auch Bezeichnung für den Raum mit Gewölbe. Im Gegensatz zur Kuppel, mit der das Gewölbe die Symbolik des Himmelsgewölbes teilt, bedecken Gewölbe meist axiale Räume. 130–133, Abb. S. 141

Glasmalerei 117–120, 178, 181, Abb. S. 119, 177

Glocken (von irisch *clog,* latinisiert *clocca),* Nachfolger der in orthodoxen Klöstern nach wie vor verwendeten Schallbretter *(Semantron),* die im Westen nur noch als Ratschen oder Klappern am Karfreitag in Gebrauch sind; durch irische Mönche seit dem 8. Jahrhundert verbreitet als Ruf zu Gottesdienst und Gebet (z.B. Angelusläuten), als Anzeige bestimmter Abschnitte des Gottesdienstes, als Totenglocke, Ehrerweis, Zeitsignal, Anzeige von Sturm und Feuer usw. Glocken werden vom Bischof oder dessen Beauftragtem geweiht.

Gotik 113–120, Abb. S. 18, 27, 29, 43, 49, 65, 69, 79, 115 f., 156 f., 161, 170 f., 173, 183

Gottesburg 105 f.

Grabmal 86–92, Abb. S. 89

Gurtbogen, im rechten Winkel zur Längsrichtung (Achse) eines Gewölbes gespannter Bogen zwischen den Jochen. Abb. S. 115

Hauptportal (siehe Portal)

Heiliges Grab 86 f.

Historismus 139–142, Abb. S. 140 f.

Hochaltar, Hauptaltar im erhöhten Chor.

Idolatrie (zu griech. *eidolon* „Gestalt, Bild, Trugbild" und *latreia,* „Dienst"), Bilderdienst, Götzendienst. 149

Ikone (griech. *eikon,* „Bild, Abbild des Urbilds"), in den orthodoxen Ostkirchen das auf Holz nach festen Regeln gemalte Tafelbild mit der Darstellung heiliger Gestalten. Ikonen werden durch die Inschrift von *nomina sacra* („heiligen Namen") geweiht.

Ikonographie, ursprünglich die Beschreibung von Bildern als Identifizierung des/der Dargestellten (zu griech. *eikon,* „Bild" und *graphein,* „beschreiben"), dann die Entwicklung von Bildtraditionen: Dieselbe Darstellung kann neue Bedeutungen annehmen (z. B. das Marienbild als profanes Mutterbild mit Kind); dieselbe Bedeutung kann neue Darstellungsformen annehmen (z. B. in der Christus-Ikonographie).

Ikonoklasmus (zu griech. *eikon,* „Bild" und *klaein,* „zerbrechen"), Bildersturm; Plünderung von Kirchen und Klöstern. 150

Ikonostas, der/die Ikonostase (zu griech. *eikon,* „Bild" und *stasion,* „das Stehen"), in den orthodoxen Kirchen eine mit drei Türen versehene Wand. Sie trennt den Altarraum, der dem Klerus vorbehalten ist, vom Gemeinderaum. Auf dieser Seite sind in dichten Reihen Ikonen angebracht. Über der Mitteltür, die den Blick auf den Altar freigibt, befindet sich die Deesis-Ikone.

Illusionismus 134–136, Abb. S. 135

Immersion (lat. „das Eintauchen"), der frühchristliche Taufritus.

Kaiserdom 108 f., Abb. S. 109

Kalvarienberg (lat. *calvaria,* „Schädel", *calvariae locus,* „Schädelstätte"), der Ort der Hinrichtung Jesu: „Er trug sein Kreuz und ging hinaus zur so genannten Schädelhöhe, die auf hebräisch Golgotha heißt. Dort kreuzigten sie ihn und mit ihm zwei andere, auf jeder Seite einen, Jesus in der Mitte" (Joh 19,17 f.). Zu den Darstellungen der Passion als Kalvarienberg-Gemälde oder Relief gehört der Kalvarienberg als Hügel oder Berg mit der Kreuzigungsgruppe; zu ihr führen die Kreuzwegstationen. Der Kalvarienberg als skulpturales Ensemble konnte auch vor einer Kirche aufgebaut werden; Beispiele finden sich in der Bretagne (frz. *calvaires).* Berühmt ist der 1701–05 als gemauerte Halbkugel errichtete Kalvarienberg mit Kreuzweg im Innern vor der ab 1715 erbauten Bergkirche in Eisenstadt-Oberberg. 165

Kämpfer, vorspringende Deckplatte des Kapitells, auf der die Bögen einer Arkade ruhen.

Kanzel (lat. *cancelli,* „Schranken"), von konfessionellen Gegensätzen unabhängiger Teil der Kirchenausstattung; der erhöhte Platz für den Prediger. Sie entwickelte sich aus dem Ambo, als im 13. Jahrhundert die Predigerorden (Dominikaner, Franziskaner) die liturgische Lesung aus der Bibel verstärkt mit deren Exegese (Auslegung) verbanden. Eine Treppe führt zum Kanzelkorb, der auf einem Kanzelfuß oder mehreren Stützen ruht und von einem Schalldeckel überdacht wird. Heute meist wieder durch einen Ambo als Lesepult (mit Mikrophon) ersetzt. 54, 75–81, 136, Abb. S. 79

Kapitell (lat. *capitellum*, „Köpfchen"), oberer Abschluss einer Säule, eines Pfeilers oder eines Pilasters.

Kathedra (griech. *kathedra*, lat. *cathedra*, „Armsessel"), in der Antike Sitzmöbel eines Lehrers, dann der Thron des Bischofs. 96

Kathedrale (lat. *ecclesia cathedralis*, zum Bischofssitz gehörige Kirche), Hauptkirche(n) einer Diözese, im dt. Sprachgebrauch gleichbedeutend mit Dom.

Kelch (vgl. lat. *calix*, „Gefäß"), ein Becher (lat. *cuppa)* mit Fuß, dazwischen ein Schaft, oft mit knaufartiger Verdickung (lat. *nodus)* aus edlem Material, zumindest innen vergoldet, da in der kath. Messe im Kelch der Wein konsekriert wird und somit als Blut Christi gilt.

Kelchtüchlein, dient der Reinigung von Kelch und Patene am Ende der kath. Messe, sowie der Finger des Priesters nach der Kommunion (der Austeilung der konsekrierten Hostie an die Gläubigen).

Kelchvelum (siehe Velum)

Kirchenschiff 38–44

Kirchturm (siehe Turm)

Klassizismus 137–139, Abb. S. 138

Klerus, die Gesamtheit der (kath.) Geistlichen, im Kirchenlatein clerus, „der ausgewählte Stand".

Korporale (von lat. *palla corporalis)*, quadratisches Leinentuch, auf das der Priester bei der kath. Messe die Hostie, den Leib Christi (lat. *corpus Christi)* legt. Auch Kelch und Patene werden auf das Korporale gestellt.

Kreuzblume, aus Blattwerk bestehende und kreuzförmig ausladende Spitze gotischer Fialen, Türme, Wimperge oder Giebel; auch mehrfach übereinander angeordnet. 30

Kreuzformen: griechisches Kreuz mit vier gleich langen Armen, auch kosmisches Kreuz; lateinisches Kreuz mit langem Schaft und kürzerem Querbalken (Passionskreuz); T-förmiges Tau-Kreuz (Antonius-Kreuz, Attribut des hl. Antonius); X-förmiges Andreaskreuz (Attribut des hl. Andreas); Y-förmiges Gabelkreuz (mitunter das Kreuz Jesu, meist aber das Kreuz der zu beiden Seiten Jesu gekreuzigten Räuber, daher auch Schächerkreuz genannt). 33, 42, 143–136, 152–160, Abb. S. 53, 153, 157, 167

Kreuznimbus, runder Heiligenschein mit eingeschriebenem Kreuz. Er kennzeichnet ausschließlich Gott, Jesus Christus und die Taube als Symbol des Heiligen Geistes. Abb. S. 37, 154, 158

Kreuzweg 85 f.

Krypta 55 f.

Kuppel (lat. *cupula,* „kleine Tonne", verwandt mit „Kuppe"), konzentrisches Gewölbe und wie dieses ein Symbol des Himmelsgewölbes. 32, 35–38, 44, 87, 101–104, 125, 128, 145 f., 154, Abb. S. 12, 36, 37, 133, 153

Laterne, Türmchen mit Öffnungen auf dem offenen Scheitel einer Kuppel. Durch die Laterne fällt Licht in den Kuppelraum; es symbolisiert die Erleuchtung durch den Heiligen Geist. 36

Lettner 52–55, Abb. S. 53

Lichtgaden, Fenstergaden, Obergaden; bei der Basilika die Fensterregion im Mittelschiff über den Seitenschiffen. 40, 96, Abb. S. 95

Liturgie, alle ordnungsgemäß bestehenden Handlungen im Gottesdienst, die ein Geistlicher als Liturg (griech. *leitourgos)* ausübt. Dazu gehört die Verwendung liturgischer Bücher (z. B. das Messbuch, lat. *Missale)* Gewänder und Geräte; die liturgischen Farben der Textilien richten sich nach dem Charakter des jeweiligen Gottesdienstes (z. B. Feste). 145 f.

Löffelchen, heute eher seltenes liturgisches Gerät, mit dem der Priester bei der kath. Messe etwas Wasser (symbolisiert die Menschheit Jesu) in den Wein (symbolisiert die Gottheit Jesu) gibt, was gewöhnlich mittels eines Kännchens geschieht.

Lünette (frz. *lunette,* „kleiner Mond"), halbkreisförmiges Feld 100

Maiestas Domini, Thronfigur Christi in der Mandorla, die von den vier Evangelistensymbolen umgeben wird.

Mandorla (ital. „Mandel"), spitzovaler Nimbus, der die ganze Gestalt umgibt. 17, 63, Abb. S. 14

Maßwerk (althochdt. *mezzan,* „messen"), das mit dem Messwerkzeug Zirkel entworfene bauplastische Ornament aus Kreisformen; Dreiviertelkreise ergeben einen Pass. In der Entwicklung von der Frühgotik zur Spätgotik gewann das Maßwerk sowohl in seinen Formen als auch in der zunehmend dekorativen Verwendung ein Höchstmaß an Variabilität, etwa beim Rosenfenster, beim Wimperg oder als Blendwerk. Beim großflächigen gotischen Fenster setzt sich die Binnengliederung aus Maßwerk und Stabwerk zusammen. Abb. S. 61, 116

Messe (im Kirchenlatein *missa,* „Opferfeier, Heiligenfest"), benannt nach den lat. Schlussworten Ite, missa est („Geht hin, [die Versammlung] ist geschlossen"). Im kath. Gottesdienst die Feier der Eucharistie.

Mittelschiff, Hauptschiff 38–42, Abb. S. 34, 41, 43

Monstranz (von lat. *monstrare,* „zeigen"), kostbares Schaugefäß zur Aussetzung des Allerheiligsten in der kath. Liturgie: Da nach kath. Auffassung durch die Wandlung in *jeder* der beiden „Gestalten" (Brot und Wein) Jesus Christus gegenwärtig *bleibt,* wird die konsekrierte Hostie den Gläubigen zur sog. eucharistischen Anbetung gezeigt (Aussetzung) und in der Fronleichnamsprozession mitgetragen.

Mosaik, musaisch 98–100, Abb. S. 99, 153, 159, 164

Münster (lat. *monasterium,* „Kloster"), zunächst das Kloster, dann die Klosterkirche, schließlich die Hauptkirche einer Stadt, sei es als Bischofskirche (Freiburger Münster) oder Pfarrkirche (Ulmer Münster).

Narthex (griech. „Kästchen"), Vorhalle. 13

Neugotik 139

Neunzehntes Jahrhundert 137–142

Nimbus, -ben (lat. „Wolke", dann „Strahlenkranz"), Glorienschein, Heiligenschein; Licht rings um das Haupt als (goldene) runde Scheibe, Reif oder Strahlen. Figuren mit Nimben sind „nimbiert". Abb. S. 159, 164, 183

Oktogon, -e (griech. *okto,* „acht" und *gonia,* „Ecke"), Achteck; ein Zentralbau mit regelmäßigem achteckigem bzw. achtseitigem Grundriss. Aufgrund der Zahlensymbolik der Acht (Taufe als geistliche Wiedergeburt und insofern der 8. Tag der Schöpfung) und Formsymbolik des Achtecks oft ein Baptisterium. Ein Einzelfall ist die Kirche der Seligpreisungen oberhalb des Sees Gennesaret; Ihre oktogonale Form ergibt sich aus der Anzahl der acht Seligpreisungen in Jesu Bergpredigt (Mt 5,3–10; Vers 11 gilt nicht als Seligpreisung, sondern als Zusammenfassung). 102

Orgel 80–82

Ostensorium (von lat. ostendere, „zeigen"), siehe Monstranz.

Ostung, Ausrichtung der Längsachse der Kirche von West nach Ost, der Altarraum bildet den Ostabschluß. 31 f.

Palla (lat. „Vorhang"), quadratische Abdeckung des Kelches aus gestärktem Leinen, auf Karton aufgezogen, um den Kelchinhalt zu schützen.

Paradies, im Kirchenbau der Romanik eine dem Narthex vergleichbare Vorhalle; sie führt zum Paradiesportal. 13, Abb. S. 107, 112

Paramente (lat. *parare,* „sich rüsten"), liturgische Gewänder; Sammelbezeichnung für das Ornat der christlichen Amtsträger im Gottesdienst sowie für Werke der Textilkunst zur Ausstattung der Kirche, z. B. textile Antependien. 186 f.

Patene (von griech. *patáne,* „Schüssel"), früher Schüssel, heute Teller für die Priester-Hostie, die in der kath. Messe konsekriert wird und somit als Leib Christi gilt, die deshalb zumindest auf der Innenseite vergoldet und ohne Verzierungen sein muß. Mit einer Hostienschale werden die konsekrierten Hostien an die Gläubigen ausgeteilt.

Patrozinium (zu lat. *patronus,* „Schutzherr"), die Schutz-
herrschaft von Heiligen über eine Kirche, die ihnen geweiht
ist. Notre-Dame ist wie eine Frauenkirche (in der Schweiz:
Fraukirche) oder Liebfrauenkirche eine Marienkirche; eine
dem hl. Stephanus geweihte frz. Kirche heißt Saint-Etienne,
Saint-Denis ist dem frz. Nationalheiligen Dionysius geweiht, eine Karlskirche dem hl. Karl Borromäus.

Pilaster (lat. *pila,* „Pfeiler"), in dem Mauerverbund ein-
gearbeiteter Teilpfeiler

Pilgerkirche 110 f., Abb. S. 110

Portal 13–22

Predella (ital. „Sockel"), Altarstaffel; Unterbau des Al-
tarschreins. 64

Pyxis, kleines Ziborium oder Dose zum Transport der
in der kath. Messe konsekrierten Hostie, um diese Kran-
ken oder Sterbenden zu bringen (Krankenkommunion,
Versehgang), deshalb transportfähig verschließbar und
innen vergoldet.

Querschiff 42–44, Abb. S. 34

Rauchfaß, eine Weihrauchpfanne, die an einer Kette
hängt und durch einen Kettenzug bedient wird; dient
in der kath. und orthodoxen Liturgie der transportablen
Verbrennung von Weihrauch auf Glut. Wird bei Weihen
und Segnungen eingesetzt sowie zum Inzens (lat. *incen-
dere* „anzünden, verbrennen", mittellat. *incensum* „Weihrauch, Brandopfer"), von Altar, Opfergaben, Evangeliar,
Zelebrant und Gläubigen bei feierlichen Hochämtern.
Der Weihrauch symbolisiert den Aufschwung des
menschlichen Geistes in Gebet und Opfer zu Gott, die
Inzensierung dient der Ehrung, Segnung und Weihe.

Retabel (zu lat. *retro,* „hinter, rückwärtig" und *tabula,* „Brett, Tafelbild"), aus dem Antependium entstandener Altaraufsatz. Er wird sprachlich häufig als Bedeutungsverengung mit dem Altar insgesamt gleichgesetzt. 63, 68, 71

Renaissance 122-128, Abb. S. 41, 89, 121, 123, 125f., 167, 175, 177

Ringtonne, im Kreis geführtes Tonnengewölbe. 98

Rippe (althochdt. *ribba, rippa),* in der Gotik beim Gewölbe entwickeltes konstruktives, tragendes und Schubkräfte auf Dienste, Konsolen oder sonstige Widerlager ableitendes Bauelement. Wie die Rippen des Brustkorbs haben sie eine stabilisierende Funktion und die bogenförmige Krümmung im Querschnitt. Der rechteckigen Bandrippe folgte eine Vielzahl von Profilen bis hin zur Birnstabrippe mit Hohlkehlen.

Rippengewölbe, allgemein ein von Rippen getragenes oder nur mit anliegenden Rippen verziertes Gewölbe. 120, Abb. S. 115, 121 ,141

Romanik 105–113, Abb. S. 14, 24, 34, 53, 106f., 109f., 112, 159

Rosenfenster 44, 118

Rotunde (lat.), runder Raum o. Bau 96–98

Sakramentshaus 71f.

Sakreistei 43, 58

Seitenportal (siehe Portal)

Skelettbauweise 113–117

Stabwerk, beim gotischen Fenster die senkrechten „Stäbe", die zum Maßwerk im Spitzbogen führen.

Strebewerk, im gotischen Kirchenbau ein Stützsystem am Außenbau mit Ausnahme der als Schauwand gestalteten Eingangsfront. Das Strebewerk fängt den Seitenschub der Gewölbe auf. 114, Abb. S. 115, 117

Stufenportal, das romanische und gotische Portal mit abgestuften, schräg verlaufenden Gewänden; sie bilden die Schenkel eines Trapezes. 15, 17

Stützenwechsel, in der romanischen Basilika eine Rhythmisierung der Arkaden zu beiden Seiten des Mittelschiffs, indem Pfeiler und Säulen alternieren. Abb. S. 34

Tabernakel (lat. *tabernaculum,* „kleine Hütte"), Wandschrank für die geweihten Hostien bei der Feier der Eucharistie. 72

Tambour (frz. „Trommel"), durchfensterter Unterbau einer Kuppel. 35, 100

Taufstein 72–75, 81

Tonnengewölbe, aus Keilsteinen gemauertes Gewölbe mit einem Rundbogen oder Spitzbogen als Querschnitt. Mit dem Tonnengewölbe begann in der Frühromanik die mittelalterliche Wölbetechnik. 100, 120

Transept, -e (zu lat. *trans,* „über, hinüber" und *septum,* „Schranke"), in der Basilika das Querschiff im Querhaus, bei der Ostung gegliedert in nördliches und südliches Transsept zu beiden Seiten der Vierung. 42

Transversalrippe (zu lat. *trans,* „über, hinüber" und *vertere,* „wenden"), beim Kreuzgewölbe die Rippe quer zur Längsachse, im Gegensatz zur Scheitelrippe. Gleiches gilt für den Transversalbogen bzw. Gurtbogen.

Triforium, -ien (zu lat. *tres, tria,* „drei" und *foris,* „Eingang, Öffnung, Tür"), im romanischen und gotischen

Kirchenbau ein zum Mittelschiff geöffneter Laufgang in der Hochschiffwand. 120, Abb. S. 115, 116

Triptychon (griech *triptychos*, „das dreimal Gefaltete"), allgemein ein dreigliedriges Werk mit meist symmetrischer Komposition. Im Mittelalter gilt dies v. a. für den Flügelaltar bei geöffneten Flügeln. Ihn bereitete das bereits im 13. Jahrhundert in drei Bildfelder gegliederte Retabel vor. 68

Triumphbogen 96, 99, 155, Abb. S. 95

Türflügel 22–26, Abb. S. 24

Tumba, freistehendes Grabmal in Form eines Sarkophages, oft mit Baldachin. 88

Turm 26–31, Abb. S. 27, 29

Tympanon, -na (griech. „Handpauke"), sowohl das Giebeldreieck im griech.-röm. Tempelbau und dessen klassizistischer Nachahmungen als auch das von Archivolten gerahmte halbkreisförmige oder spitzbogige Bogenfeld der Portale im romanischen und gotischen Kirchenbau. Gemeinsam ist die Ausstattung mit Bauplastik. 15, 17 f., 21, Abb. S 14

Typologie (zu griech. *typos*, „Gestalt", und *Logos*, „Lehre"), die Beziehung zwischen alttestamentlichen „Typen" und neutestamentlichen „Antitypen" 21 f., 52, 118, 178–182

Velum (lat. „Schleier"), a) Kelchvelum, umhüllt den Kelch oder das Ziborium, wird zur Gabenbereitung der kath. Messe abgenommen.; b) Schultervelum, stolenartiger Umhang zum Anfassen der Monstranz beim eucharistischen Segen.

Vierung 33–35, 42–44, Abb. S. 34, 43

Wallfahrtskirche 136 f., Abb. S. 146, 175

Wandmalerei 104 f., 154, 168, 181, Abb. S. 183

Wasserspeier, Abtrauf; am Dachtrauf angebrachtes Rohr, das Regenwasser vom Dach im freien Fall zum Boden lenkt. Eine figürliche Gestaltung des Wasserspeiers kennt v. a. der griech. Tempelbau (Löwenköpfe) und der gotische Kirchenbau. Hier speien Dämonen, Fabelwesen, Teufel und Tiere den Wasserstrahl aus, was eine beabsichtigte oder zumindest empfundene apotropäische (Unheil abwehrende) Wirkung vermuten lässt. Abb. S. 123

Wehrkirche (frz. *église fortresse*), auch Kirchenburg; als befestigte Zuflucht geeignete Kirche. Im Mittelalter in ganz Europa verbreiteter Typus vom wehrhaften Kirchturm über die Wehrgangkirche bis zur Befestigung mit einem Mauerring, der die Kirche, Wohn- und Vorratshäuser umschloss.

Weihwasser, vom Priester (bspw. in der Osternacht) bei Anrufung des Heiligen Geistes geweihtes Wasser (Eintauchen der Osterkerze). Dieses Weihwasser dient als Taufwasser, befindet sich im Weihwasserbecken am Eingang der kath. Kirche und wird bei bestimmten Anlässen mit dem Aspergill versprengt. 84 f.

Westwerk, im Kirchenbau des 8./9. Jahrhunderts ein selbständiger, mehrgeschossiger Baukörper, der dem Langhaus westlich vorgelagert ist. Über eine Torhalle ist die sog. Herrscherempore zum sich anschließenden Mittelschiff geöffnet und erlaubt die Teilnahme am Gottesdienst an erhöhtem Platz. Vermutlich diente das Westwerk auch als Baptisterium und als Pfarrkirche für den Laiengottesdienst. 104–106

Wimperg (althochdt. *winterga,* „Giebel, Zinne"), in der Gotik Ziergiebel über Fenstern und Portalen. 15, 87

Wurzel Jesse 176–178

Zentralbau, im Gegensatz zum längsgerichteten Longi-
tudinalbau (Richtungsbau) das auf einen Mittelpunkt
ausgerichtete, im Grundriss runde (Rotunde), quadratische oder regelmäßig polygonale Bauwerke (z. B. Oktogon). Anbauten wie die Apsis oder der Portikus können
den Zentralbau nach allen Seiten erweitern. Im christlichen Sakralbau repräsentieren die Taufkirche (Baptisterium) und die Kreuzkuppelkirche diesen Typus. In der
Renaissance gewann der Zentralbau für kurze Zeit Vorrang im westlichen Kirchenbau (Ideal des harmonischen
Ausgleichs der Raumkräfte), ging jedoch im Übergang
zum Barock aus liturgischen Gründen eine Verbindung
mit der Basilika ein. 32, 40, 98–100, 128, 131 f., 134,
146–149, Abb. S. 97, 125

Ziborium (lat. „Trinkbecher", später „Altarbaldachin"
oder „Hostiengefäß"), in diesem Gefäß mit Deckel werden die in der kath. Messe konsekrierten Hostien aufbewahrt, weshalb es stabil und innen vergoldet sein muß. 72

Zisterzienser 111–113, Abb. S. 112

Zodiakus, Tierkreis, 12 Sternbilder 16 f., 20

Zwanzigstes Jahrhundert 143–147, Abb. S. 61, 146

Zwerggalerie 109